에피파니 필로스 후마니타스
Epiphany Philos Humanitas

훌륭한 삶이란 무엇인가

괴테의 교양과 퇴계의 수신

저자 일러두기

1. 이 책은 네이버 문화재단의 강연 시리즈 '문화의 안과 밖'에서 2016년 11월 5일 발표한 「교양과 수신-괴테와 퇴계의 자기 교육적 성찰」과, 그 보충 글인 「무(無)교양 반(反)문화의 사회에서」를 묶은 것이다. 앞 글의 원고와 동영상은 https://openlectures.naver.com/contents?contentsId=110014&rid=2908&lectureType=ethics에 있다.

2. 이 책에서 나는 교양과 수신의 의미가 무엇이고, 그것이 윤리와 인간성 그리고 인간적 삶과는 어떤 관계를 가지는가를 탐색해보고자 한다. 이때의 '교양'이 서구 근대지성사에서 가장 중요한 한 가지 흐름을 대변하고, '수신'이 동양의 중요한 지적 전통을 이룬다면, 이 책은 '교양과 수신에 대한 동서양의 비교문학적 비교사상적 고찰을, 아직은 본격적이지 않다고 해도, 하지 않을 수 없다. 이 책은 그런 고찰을 위한 시론(試論)의 성격을 가진다.

3. 그러나 이 책의 범주와 성격을 이렇게 처음부터 제한한다고 해도 이 일은 간단하지 않다. 왜냐하면 여기에는 매우 다양한 주제와 여러 다른 분야가 서로 깊게 얽혀 있기 때문이다. 그것은 주제적으로는 교양과 교육의 문제뿐만 아니라 수양과 수신의 도덕적 덕목이 얽혀 있고, 학문분과적으로는 교육학과 윤리학, 미학과 철학, 정치학과 언어학 등등이 관계한다. 교양교육론은 서양에서 사실 고대 플라톤의 『국가』 이래 현대에 이르기까지 연면히 이어져 왔고, 동양에서는 심성(心性)과 정감(情感)의 훈육 형태로 『시경(詩經)』과 『예기(禮記)』 이래 계속 논의되어 왔다. 그러므로 그에 대한 개념사적 조감이, 간단한 형식으로라도, 필요해 보인다.

4. 오래 전부터 필자가 전통 인문주의적 가치의 하나인 '교양(Bildung)'/교육 이념에 관심을 갖고 다뤄오게 된 데에는 물론 이유가 있다. 그 이유를 '서문'을 통해최대한으로 짧고 명료하게 적어보고자 했다.

에피파니 필로스 후마니타스
Epiphany Philos Humanitas

홀륭한 삶이란 무엇인가

괴테의 교양과 퇴계의 수신

문광훈

에피파니

차례

오늘날 가장 혁명적인 것, 그것은 자기 자신에 대한 시각이오.

_페터 바이스(P. Weiss), 『새로운 소송』(1982)

나아지려는 마음

교양과 수신에 대한 이 글의 논의에서 남은 것은 무엇인가? 두 편의 글에서 필자는 최대한으로 노력하여 자세히 다루었다고 여겼지만, 지금 다시 생각해보면 거칠고 비루하여 누락된 부분이 있고, 때로는 불필요하리만큼 장황하게 여겨지기도 한다. 그래서 다시 요약해 보려 한다.

교양과 수신의 문제는 언제나 그 어려움과 불가능성을 전제해야 할 것 같다. 그렇다는 것은, 「무교양 반문화의 사회에서」라는 글에서 다루었듯이, 지금 사회의, 특히 현 단계 한국사회의 통속화 경향을 우선 정직하게 직시해야 한다는 뜻이다. 그러면서도 교양 수신에 대한 이같은 옹호는 계급적 경제적 차원을 넘어 공동체 전체의 공존을 향한 것이어야 한다. 문화의 성숙과 정신의 육화는 이전처럼 지금도 오랜 시간과 이 시간 속의 오랜 훈련을 필요로 한다.

이때의 훈련 태도를 "공경을 통해 마음 안을 바르게 하고, 정의로써 그 밖을 바르게 하는 것(敬以直內 義以方外)"이라 하든, "경계하고 삼가며 두려워하는 것(戒愼恐懼)"이라 하든, 그것은 결국 끊임없이 '배우고 묻고 생각하며 변별하고 행하는(學問思辨行)' 일로 귀결될 것이다. 그것은 곧 '자기를 이기며 예로 돌아가는(克己復禮)' 길이다. 그것은 또, 서구 지성사의 관점에서 보면, "밖으로 나가는 것이 아니라, 자기 자신 속으로 돌아가라(Noli foras ire, in teipsum redi)"고 하던 아우구스티누스에게서도 나타나고, 멀게는 세네카나 에픽테토스에게도 없는 게 아니다. 그리고 그 가르침들은 근대에 들어와, "쓸모 있는 것으로부터 진실한 것을 거쳐 아름다운 것으로(Vom Nützlichen durchs Wahre zum Schönen)" 나아가는 괴테의 길이기도 하다. 퇴계 선생이 말한 '향상지심(向上之心)' - 나아지려는 마음은 그와 다를 것인가? 그렇지 않을 것이다.

이처럼 동서양의 지성사를 관류하는 가르침들은 결국 자기로 돌아가는 길이 세계로 나아가는 길과 다르지 않다는 사실을 보여준다. 내면회귀의 길이 곧 세계참여의 길인 것이다. 거기에는 나날이 좀더 나아지려는 마음이 있다. 우리는 우리가 사랑하는 것을 닮아간다. 자기기율의 이런 형성과정은 궁극적으로 부드러운 자율의 윤리적 사회로 향해야 할 것이다.

이러한 길이 한 가지일 수는 없다. 또 그것이 정해진 경로를 따르는 것도 아니다. 그 길의 가능성을 더욱 구체적이고 엄밀하게 논구하는 것은 앞으로 우리 문화의, 그리고 한국 인문학의 가장 중요한 과제 가운데 하나가 될 것이다. 그런 논의의 중심에는 아마도 '내면성의 기율'이 자리할 지도 모른다. 그것은 내면성의 세계시민성이라고 부를 수도 있고, 더 평이하게는 마음공간의 높이와 깊이일 수도 있으리라. 진보나 보수를 포함하는 정치적 당파주의나, 승자와 패자 같은 개념, 혹은 문화 엘리트주의나 특권의식은 이 내면성이나 마음공간 같은 이념에 비하면, 범주적으로 얼마나 얄팍한 것인가? 학문은 모든 인간학적 범주의 제약 너머를 사고할 수 있어야 한다. 그렇듯이 수신(修身)의 군자는 근대적 개인으로 거듭 나야 하고, 현대적 주체는 수양연마하는 자아이기도 해야 할 것이다.

이러한 탐색의 길이 일체의 강제나 강요, 억압이나 명령이 아니라, '각자가' '자신의 선 자리에서' '스스로를 돌보는 가운데' 자신의 느낌과 생각과 행동을 조금씩 고쳐나갈 수 있다면, 그것은 더욱 바람직할 것이다. 만약 자율적 삶의 즐거운 길이라면, 그것은 개인에게 기쁜 일이요, 사회에게도 유의미한 일일 뿐만 아니라, 나아가 '그저 내버려두어도 오래가는', 그리하여 '문화적으로도 참으로 바람직한' 일이 될 것이다. 이제 우리는 '참으로 깊은 의미에서 아름다운 전통'을 만들어야 할 출발점에 서 있다. 그것은 타인의 고통을 외면하지 않는 실천적 공감의 활동이되, 내면성의 기율에 바탕한 비강제적 자율의 미학일지도 모른다. 삶과 글, 사유와 실천은 궁극적으로 하나로 이어져야 할 것이다.

이때 삶의 개체적 형성은 곧 세계의 형성일 것이고, 이 형성이란 진선미의 형성과 다르지 않을 것이다. 그것은 분명 수많은 제약과 한계가 있는 힘겨운 길이지만, 그러나 학문과 문화의 미래적 목표여야 마땅하다고 나는 생각한다. 그런 목표로 나아가는 길이 의외로 여러 가지 방식이고, 의외로 삶의 곳곳에, 그래서 일상의 매 순간순간마다 자리하고 있으며, 예술과 철학의 가르침도 사실상 그와 다르지 않다는 것을 나는 글로 차근차근 증명하고 싶다.

2019년 7월

문광훈

무교양 반문화의 사회에서 — "교양 속물"을 넘어

오래 전부터 필자가 전통인문주의적 가치의 하나인 '교양 (Bildung)'/교육 이념에 관심을 갖고 다뤄오게 된 데에는 물론 이유가 있다. 그 이유를 최대한으로 짧고 명료하게 적어보고자 한다.

1 문화는 '삶의 전체' 문제

어떤 개념이든 그 개념이 학문적으로 중요하면 중요할수록, 그것은 일정한 관계망(Networks) 속에 자리한다. 그래서 그 하나만으로 격리된 채 있는 것이 아니라, 그와 관련된 여러 다른 개념과 의미론적으로 때로는 겹치고 때로는 구분된 채로 자리한다. 그런 개념의 함의는 시대에 따라, 또 사람에 따라 조금씩 다른 뉘앙스를 보인다. 교양이라는 개념도 다르지 않다.

이때 교양(Bildung)이란 말은 '교육'이기도 하고, '형성' 혹은 좀 더 평이하게는 '만드는 일'이기도 하다. 만들다의 대상은 몸과 마음이다. 그리하여 교양의 문제는 교육이면서 형성 – 인간이 자기 자신을, 다시 말하여 자기의 감각과 이성, 영혼과 육체를 만들어가는 문제인 것이다.

그러므로 교양의 문제가 단순한 교양에 그치지 않는다는 사실은 자명하다. 인간이 자신의 영육을 돌본다는 것이 어찌 자신만의 사적 사안에 머무르겠는가? 그것은 사회의 문제이면서 제도의 문제이기도 하고, 개인의 문제인 것만큼이나 집단과 공동체 전체의 문제이기도 하다. 나아가 교양은 예술과 문화가 궁극적으로 인성과 인격을 '만드는' 데 기여하는 것이라면, 곧 예술과 문화의 핵심 사안이 아닐 수 없다. 거듭 강조하여, 예술과 문화는 정치 경제의 물질적 토대 위에서 펼쳐진다. 그리하여 교양과 교육의 문제는 결국 예술과 문화의 질적 문제이면서 정치과 경제의 양적 사안이다.

1) 속류 문화의 가운데에서

그러나 교양 수신의 문제를 지금 현실에서 주제화하려는 나의 심정은 착잡하다. 다들 느끼듯이, 지금의 한국 사회는 그리 '교양 있는' 사회도 아니고, '문화'를 말하기에도 여러 가지 이유로 망설여지기 때문이다. 나는 TV를 즐겨 보지 않는다. 그나마 주말의 늦은 시간에 가끔 채널을 돌리기도 한다. 그럴 때면 어디서나 이른바 '먹방'(먹는 방송)이 나오고, 저녁 8~10시 시간대에는 젊은 남녀들의 시덥잖은 연애 사건이나 고부 갈등이 온갖 아귀다툼 속에서 살벌하게 묘사된다.

TV 밖의 현실은 다른 것인가? 한국의 공론장은 얼마나 청정하고, 얼마나 합리적인가? 그것은 대체 믿을 만한 것인가? 그렇게 보이지 않는다. TV 안에서나 그 밖에서나 고함지르고 아우성치는 일들은 우리 사회에서 일상화되어 있다.

철이 바뀔 때마다 사회적으로 이슈화되는 한국 사회의 '갑질' 논란이나 '미투(Me-Too)' 현상은 또 어떤가? 우리 사회가 OECD 20여 개국 가운데 '사회적 신뢰도'가 가장 낮은 것은 널리 알려져 있다. 먹고 입고 다니는 것만큼 사람들은 돌아보고 생각하며 배려하고 챙기는 일에는 여전히 서투른 것 같다. 그것은 먹고 사는 일이 버거운 계층이 공식적인 수치 이상으로 많고, 사회 경제적 빈부격차가 아직도 심하기 때문일지도 모른다. 그런 점에서 정치는, 정치 제도적 개혁은 현 단계 한국 사회에서 변함없이 긴급한 과제가 아닐 수 없다.

그러나 그와 동시에 우리 사회의 문화적 성격이나, 이 문화를 이루는 각 구성원의 생활 태도 그리고 더 나아가면, 이런 태도를 지탱하는 각자의 심성 역시 검토해 보아야 할 것이다. 한 사회의 성격은 이 사회를 구성하는 모든 요소들이 어우러진 채 만들어지고 이렇게 사람과 제도, 감성과 정신과 물질이 상호작용하는 가운데 주형되기 때문이다. 속류 사회는 속류 인간들의 반영이고, 저질 문화는 얄팍한 심성과 태도의 결과다.

최근에 소설가 김훈은 한 강연에서 이렇게 말했다. 보도 내용의 순서를 조금 바꿔서 그 요지를 재정리하면 이렇다.

"우리 사회의 특징은 악다구니, 쌍소리, 욕지거리로 날이 지고 샌다. 몇 년째 난리치고 있다. 하루도 안 빼고 매일 욕을 한다. 작년 여름에 얼마나 더웠나. 영상 40도에 다들 더워서 허덕허덕하는데 어떤 정치인에게 점이 있느냐, 점을 염색했느냐 뺐느냐 하며 내내 TV에서 지지고 볶고 했다. 세상에 어떻게 이런 나라가 있을 수 있나 싶다. 하루이틀이 아니라 여름 내내 그랬다. 지금도 점이 있는지 없는지 모른다… 이런 어수선하고 천박한 세상이 돼버린 것이다.

그 점을 가지고 떠들 때도 봤더니 사람들이 혓바닥을 너무 빨리 놀린다. 그 혀가 생각을 경유해서 놀리는 게 아니라 온갖 상소리, 욕지거리, 거짓말이다… 나한테 침 뱉으면 너한테 가래침 뱉는 것이다. 우리는 전통이 가르쳐준 인간에 대한 경외심이나 인간에 대한 연민, 남의 고통에 동감하는 감수성을 상실하고, 천박하고 단명한 잔재주의 세계로 들어온 것이다…"[1]

김훈 선생은 경북 안동 하회마을의 만송정에서 열린 한 강연에서 이렇게 말했다. 그는 퇴계 이황, 서애 류성룡, 석주 이상룡 선생 같은 유림의 지도자들이 확립한 전통이 우리의 윤리와 정신을 바르게 지켜왔음을 설명하면서, 이런 훌륭한 유산들이 지금 한국 사회에서는 완전히 상실되어버렸다고 지적했다. 이것은 최근에 이뤄진 우리 사회의 자가진단 가운데 가장 정확하고 신랄하며 정직한, 그래서 통절한 비판이라고 나는 생각한다. 우리는 이 거칠고 상스런 우리 자신의 생활 현실을 외면해선 안 된다. 이런 맥락에서 아마 우리 문화 전체의 키치(kitsch)화도 말할 수 있을 것이다.

---

1 연합뉴스, 2019년 6월 1일자 보도

감상적이고 통속적인 문화의 범람은 결국 무(無)교양의 반(反) 문화 사회로 귀결된다. 그러나 무교양과 반문화를 지적하는 일 또한 적어도 어떤 구석에서는 없었던 것이 아니다. 그것은 언제나 있어왔던 비판의 하나이기도 했다. 그렇다는 것은 한 사회의 문화가 일정한 수준을 유지하기란 어렵다는 것, 더욱이 그 문화가 고급한 수준의 상대로 지속되기란 매우 드물다는 사실을 알려준다. 문화에서의 통속화 / 유치화란 차라리 하나의 항구적 상태일지도 모른다. 인간적이고 이성적인 문화는 인류사에서 하나의 예외 현상인 반면, 저속하고 속된 문화야말로 인간 문화의 변함없는 모습에 가까울지도 모른다.

그럼에도 불구하고 이런 점에서 교양과 교육의 중요성을 말하기 전에 먼저 해야 할 것은 전통적 교양주의가 지닌 위선과 폐해에 대한 비판적 검토일 것이다. 아마 이것을 가장 본격적으로 보여준 사례가 니체(F. Nietzsche)일 것이다. 그러나 그의 교양비판도, 그의 사상에 담긴 여러 문제의식이 그러하듯이, 『반시대적 고찰(*Unzeitgemässe Betrachtungen*)』(1873)이나 『우상의 황혼(*Götzen-Dämmerung*)』(1889) 등 몇몇 저작에 흩어져 있다. 이 글에서는 그 핵심만 스케치해 보자.

2) 니체의 "교양 속물" 비판

> 목적은 교육과 교양 자체이지 제국이 아니다.
>
> 니체, 『우상의 황혼』(1889)

니체의 '교양' 비판은 독일 문화라라는 큰 테두리 안에서 펼쳐진다. 그것은 무엇보다 1870년에서 1871년 사이에 일어난 프로이센과 프랑스 사이의 전쟁에서 독일이 승리한 후 독일 사회에 퍼지기 시작한 전쟁 찬양의 분위기를 경고하면서 나온 것이다. 당시 언론은 전쟁의 승리에 취하여 이런 승리를 가져온 여러 요소들, 이를테면 엄격한 군기나 용감성, 지구력(持久力)이나 지도자의 탁월성 그리고 복종심과 단결 등을 찬양했다. 이 같은 여론에 편성하여 사람들은 이런 군사적 국가주의적 요소들이 마치 문화 자체인 것처럼 간주하며 열광했다. 이들에게 독일제국의 승리는 곧 독일 문화와 독일 정신의 승리와 다르지 않았다.

그러나 니체가 보기에, 이것은 독일 문화에 대하여 지극히 애매할 뿐만 아니라 매우 위험한 오류이자 망상이었고, 구체적으로는 교양에 대한 왜곡이기도 했다.[2] 대담한 지도자와 장군들의 독일성은 진짜 독일성이 아니었고, '엄격'이나 '훈련' 그리고 '복

---

2 Friedrich Nietzsche, *Unzeitgemässe Betrachtungen I-III*, Kritische Gesamtausgabe, hrsg. v. G. Colli u. M. Montinari, Dritte Abteilung 1 Bd., Berlin 1972, S. 155ff.

종'이라는 도덕적 자질들은 교양과는 아무런 관련이 없었기 때문이다. 교양의 왜곡은 일상에서 지나치게 격식을 차리거나, 자랑을 일삼거나, 혹은 거드름을 피우면서 무엇인가 신성불가침하다는 듯이 말하는 태도 같은 데서도 나타난다. 이것은 교양이 아니라 그 오용이다. 여기에는 아무런 '깊이'도, '진지함'도 그리고 '열정'도 없기 때문이다.

니체는 독일의 진정한 문화 혹은 독창적인 문화는 '아직 존재하지 않는다'고 본다. 여론에 따라 휩쓸려 생각하고 판단하는 사람들이란 스스로 눈을 가리고 귀를 막고 있다고 그는 지적한다. 자신을 인식하지 못하고 무엇이 바르고 나쁜 것인지 올바로 판단하지도 못한 채 우쭐거리며 사는 사람들을, 그래서 동일한 견해와 유사한 욕구를 지닌 채 무리를 지어 다니는 사람들을 그는 '교양 속물들(Bildungsphilister)'이라고 혹독하게 비판했다.[3]

교양 속물들은 사실을 사실대로 바라보지 못한다. 그들은 자신의 눈과 귀를 막고 이미 있는 견해에 자족하거나, 세상에 떠도는 견해에 자신을 일치시키기 때문이다. 그래서 새로운 생각을 거부하고, 창의적 관점을 금기시한다. 교양 속물들은 질문하거나 회의하는 법을 모른다. 더 이상 묻지 말아야 한다는 것, 그래

---

3 Ebd., S. 161f.

서 탐구하지 말아야 한다는 것이 이들의 슬로건인 까닭이다. 이들은 이미 있는 것에 만족하고, 방해받지 않는 자신의 편협에 안락감을 느낀다. 매일 매일 신문 몇 쪽 읽는 것으로 마치 세상의 전부를 안다는 듯 여기는 부류라고나 할까? 아니면 아침저녁으로 뭘 해먹을까가 실존적 고민의 전부가 되는 사람일 수도 있다. 이들의 안락함은 자신의 무지에 대한 안락함이고, 자신의 나태와 무감각에 대한 안락함이다.

교양 속물들의 이런 문화는, 니체가 보기에 문화의 부정이지 문화 자체가 아니다. 그것은 진정한 문화도 아니고, 독창적 문화는 더더욱 아니다. 이들의 왜곡은 지성에서만 나타나는 것이 아니라, 열정(Pathos)에서도 나타난다. 또 일반 시민층에게만 생겨나는 것이 아니라, 학자연하는 지식인들에게서도 확인된다. 니체는 이렇게 쓴다.

"학자들 사이에서 고지식하고 자족적이며 활기를 잃은 정신을 가진 학자들 사이에서 어떠한 공기가 지배하는지!⋯ 우리 문화는 넘쳐나는 오만한 게으름뱅이와 휴머니즘의 파편으로 고통받는다."[4]

4 Friedrich Nietzsche, *Götzen-Dämmerung*, Kritische Gesamtausgabe, hrsg. v. G. Colli u. M. Montinari, Sechste Abteilung 1 Bd., Berlin 1969, S. 99.

교양 속물이 "고지식하고 자족적이며 활기를 잃은 정신"의 사람들이라면, 이 속물들이 만드는 문화는 "넘쳐나는 오만한 게으름뱅이와 휴머니즘의 파편으로 고통받는다". 그렇다면 교양은 자신의 나태함과 안일을 벗어나야 하고, 문화는 자신의 종속성과 아류성을 극복해야 한다. 어떻게 가능할까?

니체는 독일의 고등교육제도 전체에 핵심 요소가 빠져있다는 전제 아래, 앞서 모토로 인용한 것처럼, "교육과 교양 자체가 목적이지 제국이 목적이 아니다"고, 그리고 이런 목적을 위해서는 교육자가 필요하다고 강조한다. 그러면서 자신이 일하는 바젤 (Basel) 대학을 거론한다. 대부분의 대학에서 뛰어난 교육자가 없어 독일 문화 전체가 몰락하고 있는 반면, 바젤 대학에서는 그의 "경외하는 친구"인 미술사학자 야콥 부르크하르트(J. Burckhardt) 가 있어서 인문학의 탁월성을 유지하고 있다는 것이다.[5]

니체는 흥미롭게도, "고등 교육과 다수의 사람은 서로 모순된다"는 것, 그래서 "모든 고급 교육은 예외에 속하고", 따라서 "모든 위대하고 아름다운 것들은 결코 공유 재산(Gemeingut)이 될 수 없으며", "아름다움은 아주 소수의 것이다(pulchrum est paucorum hominum)"고 적는다.[6]

---

5   Ebd., S. 101.
6   Ebd.

큰 사상가의 경우에서처럼 니체의 경우에도 상호 모순적인 면이 없지 않다. 흔히 니체의 반민주주의적 사고나 나치즘과의 연루 관계를 비판하기도 하고 이런 비판에는 그 나름의 타당성도 있지만, 보편화된 교양의 민주주의에 대한 그의 반감도 우리는 이해적인 입장에서 해석할 수도 있다. 즉 일반교육기관을 아무런 기준이나 여과 없이 오직 '평등'이나 '민주주의'라는 이름 아래 설립하고 운영할 때, 그래서 학교뿐만 아니라 교사나 교과 과정 그리고 교과목의 전체 목표가 "가장 애매한 평균성(die zweideutigste Mittelmässigkeit)"을 지향할 때 그것은 교육의 몰락을 자초한다는 지적은 사실이 아닐 수 없다. 이것은 오늘날의 용어로 번역하자면, 수월성과 평등성 사이의 모순이다.

교육과 교양의 난관은 바로 이 모순 – '상호 대립적 가치들 사이의 갈등'이라는 문제를 돌고 돈다. 니체가 보기에 독일 문화의 하강은 바로 이런 '어중간한 평균성'을 제도가 강제한 데 있다. [이 '어중간한 평균성 혹은 범속성'에 대한 비판은 존 스튜어트 밀(J. S. Mill)의 대중비판에서도 핵심적이다]

니체는 평균화된 대중문화가 아니라 고급문화를 옹호한다. 그는 고급문화란 다수가 아니라 소수의 사람들이 담당하며, 이 소수는 '직업의식'보다는 '소명 의식'을 가진다고 여긴다. 보고 생각하는 법, 그리고 말하고 쓰는 법을 우리는 배워야 한다고 니체가 강조할 때, 이 모든 것은 고급문화에 속한다. 이 같은 견해는 민주주의적 관점에서 보자면 아쉬운 것이지만 – 니체는 민주주의를 불신했다 – 그러나 반드시 틀린 것이라고 보기도 어렵다.

더 넓은 맥락에서 좀 더 중요한 사실은 문화와 정치의 근본적 상충 관계에 대한 니체의 지적이다. 그는 이렇게 쓴다. "문화와 국가는 적대자다…. 문화-국가란 그저 근대적 이념일 뿐이다. 하나는 다른 것에 의존해서 산다. 하나는 다른 것의 희생에 의해 번성한다. 문화의 모든 위대한 시기는 정치적 하강기였다. 문화적인 의미에서 모든 위대한 것은 비정치적이었고 반(反)정치적이었다."[7] 이것은 적확한 지적이지 않나 여겨진다. 1850년대 이후 1900년대 초에 이르는 오스트리아의 세기말 문화 부흥은 합스부르크 왕가의 정치적 몰락으로 귀결된다는 분석도 있다. 이러한 언급은 '문화 혹은 문화적인 것의 순수 가능성'을 믿는 모든 비현실적 시도에 대한 훌륭한 경종이 되지 않을까 싶다.

그렇다면 교양과 수신의 문제를 고민하는 우리에게 무엇보다 필요한 것은 이런 일의 어려움, 그 현실적 난관에 대한 정직한 직시일 것이다. 교양과 교육이 추구하는 보편주의나 평등성에는 분명 기만이 들어있다. 그렇듯이 문화와 정치는 상호 모순적이

---

7 Ebd., S. 100.

며 상호 배타적이다. '교양 속물'의 자기 기만을 잊지 않는 것도 그런 주의사항의 하나가 될 것이다.

이처럼 교양과 수신을 둘러싼 이처럼 복잡한 사안을 문화적 차원에서 논의할 때 고려해야 할 사항은 물론 많다. 그러나 그것을 최대한으로 줄여 한 가지만 지적해야 한다면, 그것은 무엇이 될까? 이런 물음은 다음과 같이 다르게 던질 수도 있을 것이다. 무엇을 어떻게 결정하고 실천한다고 하여도 인간으로서 과오나 불충분을 피하기 어렵다면, 이런 과오를 최소화하기 위해 우리는 무엇을 해야 할까? 삶의 공간을 인간적으로 만들기 위해, 그래서 그것이 폭력적이지 않도록 하기 위해 우리가 고려해야 할 최소한의 원칙은 무엇일까? 나는 한 가지 '최종 해결책에 대한 불신'을 말하고 싶다.

2 최종 해결책의 불신

'최종 해결책'이라는 말은 독일어 'Endlösung'을 번역한 것이지만, 여기에는, 널리 알려져 있듯이, 유례없이 잔혹한 역사의 고통이 담겨있다. 나치주의자들은 '최종 해결책'이라는 이 모호한 말 아래 수백만 유대인들의 대량 학살을 체계적으로 실행하면서, 동시에 추호의 양심적 가책도 없이 그 일을 정당화했기 때문이다.

그런데 이 말에 담긴 함의 – 인간 현실의 문제를 '한꺼번에' 혹은 '전면적으로' 혹은 '가차 없이' 뿌리채 뽑아버리겠다는, 그래서 '완벽하게' 해결시켜 버리겠다는 의지는, 그런 의지를 담은 말과 슬로건은 오늘날 완전히 사라졌는가? 그렇게 완전히 사라졌다고 우리는 자신할 수 있는가? 결코 그렇지 않다. 지금의 지구 사회에서 사회주의나 공산주의 같은 거대 이데올로기는 사라진 반면, 자본과 시장의 횡포는 이전보다 더 심해진 듯이 보인다. 자본과 시장을 등에 업은 디지털 스마트폰 매체나 인터넷 사이버 공간의 위력은, 연령이나 지역, 종파나 문화를 떠나, 모든 세대에게 거의 압도적으로 보인다. 이런 위력에 편승한 정치인들의 언어는, 트위트나 인스타그램 같은 SNS 활동이 보여주듯이, 또 어떠한가?

이들 가운데 단호하고 분명하며 결기에 찬 뜻과 의지와 호기를, 그래서 포퓰리스트적 선동과 표피적 속견(俗見)을 보여주지 않는 사례는 거의 없는 듯하다. 지금 사회에서 사고는 없고 의견만 난무한다. 오늘을 지배하는 것은 특수성이지 보편성은 아니다. 보편성이 지배한다면, 그것은 가짜 보편성일 가능성이 높다. 그렇듯이 오늘날의 개체성은 얄팍한 개체성으로 보인다. 오늘날의 언어는, 사적 언어든 공적 언어든, 결국 사회와 현실에 대한 안이하고도 무책임한 대응 – '최종 해결책'을 공언한다는 점에서, 서로 일치하는 것처럼 보인다.

1) 가치들의 갈등

사람들은 흔히 '민족'이나 '국가' 혹은 '교회' 같은 집단의 이름을, 아니면 '자유'나 '정의' 혹은 '평등' 같은 이념을 즐겨 내세운다. 널리 통용되는 이념과 일반적 집단을 내세우면서 그들은 자기의 행동을 치장하고 선전하며 정당화한다. 그러면서 집단적 이념 아래 다른 사람들을 끌어들이려고 아첨하거나 강요하면서 포섭하려 한다. 이들은 개별적으로 사유하거나, 홀로 물러나 가만히 있지 못한다.

큰 정의(正義) 아래에서 작은 정의는 쉽게 희생된다. 그렇듯이 집단의 요구와 주장 앞에서 개개인의 갈망은 간단히 무시되고, 그 욕구는 아무렇지도 않은 듯이 외면된다. 역사상 얼마나 많은 혁명이 선의(善意)로 출발하였지만, 그 실행 과정에서 폭력과 야만으로 변질되어 버렸는가? 이것은 혁명주의자 뿐만 아니라, 사회의 변혁과 개선을 주장하던 좀더 온건한 사람들에게서도, 그들이 계몽주의자건 진보파건 관계없이, 두루 나타난다. 보수파의 고루함 이상으로 진보파의 횡포도 만만찮다.

그러나 가치들은 서로 갈등한다. 인간이 내세우는 가치와 이념들은 잘 어울리지 못한다. 그래서 양립하기 어렵다. 서로 어울리는 가치들도 물론 있지만, 어울리지 못하는 가치들이, 그래서 상충하는 경우가 훨씬 많다.[8]

'자유'와 '평등'이라는 이념이 그렇고, 수월성과 평범성이라는 개념도 다르지 않다. 혹은 조세 부담과 임금 혹은 복지 사이의 관계는 어떠한가? 대부분의 사람들은 낮은 조세 부담과 높은 임금을 요구하면서도 '동시에' 복지 수준은 높아지길 바란다. 하지만 어떤 유능한 정부도 재정적자의 누적이라는 압박 없이 이런 요구를 충족시킬 수는 없다. 한 나라의 이해관계와 국제적 정책 공조 사이의 상충되는 요구는 어떠한가? 한 나라의 이익 추구를 우리는 반드시 그리고 언제나 '자국이기주의'로 비난할 수 있는가? 삶의 많은 가치와 이념은 사실상, 거의 모든 경우에, 양립 불

---

8 가치의 갈등을 자신의 학문적 핵심 주제로 삼은 대표적 정치 사상가가 이사야 벌린(I. Berlin)이고, 그를 뒤이은 존 그레이(J. Gray)다. 두 학자의 문제 제기가 가진 의미에 대해서는 곧 글을 발표하려고 한다.(졸고, 「휴머니즘은 미신인가? - '최종' 해결책과의 결별」 참조)

가능하다. 그래서 충돌은 불가피하다.

예를 들어 이성은 인간성의 가치 가운데 가장 핵심적 덕목이지만, 그것이 '이성주의'가 되면, 쉽사리 이데올로기로 경직된다. 계몽주의의 자기 만족적 합리주의나 진보에의 믿음이 바로 그랬다. 그것은 19세기 말에는 인종주의로 변질되었고, 20세기 초에는 전체주의로 타락했다. 자유주의적 합리주의(liberal rationalism)도, 스스로 반성하지 않으면, 삶 자체의 풍요로운 가능성을 질식시키는 "가련한 신조"일 뿐이라고 앤서니 아피아(A. Appiah)는 논평하면서 이렇게 덧붙인다. "자유주의적 계몽주의 가치들에 기댄 서구 사회가, 그(그레이)가 말하기를, '사회적 무질서와 니힐리즘에 시달리는' 이유도 그 때문이다."[9]

하지만 가치의 갈등을 말하기 위해 이념이나 사상 같은 거창한 차원까지 나갈 필요가 없을 지도 모른다. 그것은 나날이 일어나는 사람들 사이의 사소한 의견의 차이에서도 확인할 수 있기 때문이다. 치약을 짤 때 위에서부터 짤 것인가 밑에서부터 짤 것인가로 언쟁을 벌이는 경우는 흔하지 않는가? 또 점심이나 저녁을 먹을 때, 뭘 주문할 지로 티격태격하는 경우도 다반사다.

최근에 내가 들은 이야기 가운데에는 이런 흥미로운 삽화가

---

9 Kwame Anthony Appiah, Dialectics of Enlightenment, *The New York Review of Books*, May 9. 2019, Nr. 8.

있었다. 널리 알려진 철학자인 그 분은 평생에 걸쳐 두 번 결혼 하였는데, 첫 번째 결혼은 혼인한 지 6개월도 채 되지 않아 파행을 맞았다고 한다. '집안에 가구를 어디에 놓느냐'를 두고 아내와 의견 대립을 겪다가 결국 그렇게 되었다는 것이다. 이런 이유는 우스꽝스럽게 보일 수도 있지만, 다른 한편으로 납득이 아니 되는 것도 아니다. 사람은 자기가 살아온 대로 살아가려고 하기 때문이다.

그렇듯이 사람들은 느껴온 대로 느끼고, 생각해온 대로 생각하며, 말해온 대로 말하고자 한다. 나아가 어떠한 행동은, 그것이 '지금껏 그렇게 해왔기 때문'이라는 지극히 단순한 하나의 이유로, 계속 똑같이 되풀이된다. 인간의 감각과 사고와 언어와 행동에는 얼마나 집요한 관성(慣性)과 타성이 작용하는가? 이처럼 틀에 박힌 관성과 타성이 그의 가치를 구성한다. 나날의 생활은 대개 상투형(cliché)의 되풀이다.

2) 선택의 자유와 책임

가치들 사이의 갈등, 그 양립 불가능성으로부터 선택은 불가피한 것으로 드러난다. 선택은 물론 집단적/사회적으로 행해질 수도 있고, 개인적/개별적으로 행해질 수도 있다. 집단적 결정의 주체는 '국가'나 '회사' 혹은 '단체'가 되고, 개별적 결정의 주체는 '개인'이다. 우리는 이 선택이 합리적으로 행해질 수 있도록 사회제도적으로 보장해야 한다. 그렇다는 것은, 개인의 선택이 아무런 강제 없이 이뤄질 수 있도록 여건이 조성되어야 하고, 집단의 선택이 개개인들의 자유로운 의사와 자발적 동의 아래 이뤄질 수 있도록 조처해야 한다는 뜻이다.

이렇게 선택이 이뤄졌다면 그 결과에 대해 우리는 책임질 수 있어야 한다. 선택은 선택만으로 끝나지 않기 때문이다. 모든 결정에는 행동이 따르고, 이 행동은 일정한 결과를 초래한다. 그리고 이런 결과의 개별적 내용에 대해 행동의 주체는 흔쾌히 자기 책임을 떠맡을 수 있어야 한다.

우리는 '영원한 삶' 혹은 '보편적 진리'가 없는 삶을 상상할 수 없지만, 이런 삶과 진리가 쉽사리 실현되기 어렵다는 것도 자명하다. 이것들은 여러 가지 형식을 띠며 다양한 모습으로 나타나기 때문이다. 사실 '온전한 진리'라는 것도 대개는 서로 무관한 사실들의 무한한 연속체다. 이 대목에서 우리는 흔히 쓰는 개념어/이념/가치의 '현실적 인간적 적절성(relevance)'을 생각하지 않을 수 없고, 삶의 딜레마를 고려하지 않을 수 없다. 세계의 질서는, 인간이든 현실이든, 자아든 사랑이든, 아니면 공동체나 국가든, 겉으로 보이는 것처럼 그렇게 견고하지 않다. 그럼에도 그것은 자주, 의외로 자주, 아니 거의 언제나 완결된 것처럼 움직이고, 그렇게 완결된 것처럼 간주된다.

그러나 어떤 문장도, 그 누가 내세운 이념도 그 자체로 삶에 완전한 해결책을 제공한 적은 없다. 불확정성이나 모호함 혹은 불합리성은, 거듭 강조하건대, 삶의 근간을 이루는 기본 양식이다. 이사야 벌린이 비코(G. Vico)나 하만(J. G. Hamann) 그리고 헤르더(J. G. Herder) 같은 반계몽주의적 사상가의 문제의식을 연구한 것도 그런 이유에서였다.

벌린은 기본적으로 서구 자유주의적 전통 위에 서 있는 계몽주의자였지만, 모든 현실의 가치가 조화로울 수 있다는 계몽주의자들의 신념에 동의할 수 없었다. 미신과 무지에 거스르는 그들의 싸움에는 깊이 공감했지만, 그러나 인간의 합리성이나 진보에 대한 그들의 확신은 오만스런 것으로 여겨졌기 때문이다. '자만심(hubris)'은 언제나 비극적 사건의 씨앗이다. 벌린은 계몽주의자들의 위선과 오만과 한계까지 공유할 순 없었다. 그는 계몽주의자들의 주장에서보다는 반계몽주의자들의 통찰에서 배울 점이 더 많다고 판단했다. 여기에도 물론 위험이 없진 않지만, 그러나 '좋은 가치란 깔끔하게 화해하거나 조정할 수 없다'는 그들의 지적은 통찰적으로 여겨졌다.

3) 아포리아 – 감당할 수 없는 한계들

선택의 자발성과 책임의 의무가 필요하다는 사실을 지적한 것과는 별도로 삶의 한계는 여전히 남는다. 삶의 한계는 인간의 한계이고 현실의 한계다. 이 편재하는 한계들-못 다함들은 생활의 난관(aporia)을 이룬다. 현실의 어떤 문제도 아이디어 하나나 기획서 한 장으로 완전히 해결될 수는 없기 때문이다.

그렇게 해결된다고 여기는 것만큼 위험한 일도 없다. 모든 시대의 독재자나 혁명가, 전체주의자와 테러리스트가 기댄 것도 바로 이런 생각들이다. 최종 해결책에 대한 이러한 구상들은, 나치즘이나 파시즘의 역사가 보여주듯이, 그 자체로 현실에서 유리된 관념이다. 그래서 이데올로기가 된다. 비현실적이고 무책임한 몽상가일수록 이데올로기화하면서 삶의 딜레마를 외면하는 것은 이런 이유에서다. 현실의 검증을 받지 않는 꿈은 크고 작은 고통을 야기하면서 결국 기만으로 귀착된다.

합리성과 불합리성의 경계는 의외로 모호하다. 게다가 모든 작용은 '같은 크기이면서 동시에 반대 방향이기도 한 반작용'을 야기한다. 삶의 불확실성과 불합리성은, 마치 인간성의 한계만큼이나 제거하기 어렵다. 그렇다는 것은 불합리성을 제거하려는 노력이야말로 불합리적일 수도 있다는 사실을 알려준다. 우리는 개인의 자유를 옹호하면서도 세계 시민의 보편적 지평으로 나아갈 수 있는가? 거꾸로 가치의 보편성을 견지하면서도, 이때의 가치가 집단주의나 전체주의로 변질되지 않도록 주의할 수 있는가? 또 계몽주의의 성취뿐만 아니라 그 오류까지 지적하면서도, 그렇다고 어떤 반계몽주의자들이 보여준 것처럼, 파시즘으로 전락하는 것을 예방할 수 있는가? 그리하여 각 개인을 존중하면서도 이 개인주의가 민족주의나 지방주의로 퇴색되는 것이 아니라, 문화적 다양성의 복수성에 열려있도록 할 수 있는가? 이사야 벌린은 소비에트 공산주의가 '응고된 버전의 계몽주의'라고 진단했다.

아마도 인간이 할 수 있는 것은 불합리성을 '제거'하는 것이 아니라, '관리'하는 일일 것이다. 우리는 삶의 근본적 불확정성과 불합리성을 정면으로 다룰 필요가 있다. 그러나 그것을 완벽하게 근절하겠다는 무모한 확신에서가 아니라, 조심스럽게 돌보며 조정하고 축소시켜가겠다는 사려에서다. 불확정성을 외면하고 불합리성을 배제한다면, 그것은 현실을 속이는 일이다. 그러나 불합리성의 사유에는 엄청난 에너지가 요구된다. 그것은 너무도 힘겹고 복잡하며 현기증 나는 일이다. 하지만 바로 그런 이유에서라도 그것은 진지하게 검토되지 않으면 안 된다.

4) 교양 – 미분적 변형의 자기 건축술

삶의 현실에서 혼란은 물론 줄어져야 한다. 그러나 다른 한편으로 어느 정도의 혼란은 불가피할 지도 모른다. 시대는, 역사가 계속되는 한, 앞으로도 아마 혼란할 것이다. 그렇다면 남은 것은 전면적 쇄신이 아니라 '부분적 쇄신'일 것이다. 이 부분적 쇄신 속에서 어떤 전면적 쇄신으로 차츰 나아가는 일이다. 따라서 그것은 '전복(顚覆)'이나 '숙청' 같은 피비린내 나는 개혁이기 어렵다. 그것은 폭력이 배제된 유연하고 순차적인 개혁에 가깝다. 이런 개혁에는 오랜 시간이 걸릴 것이고, 많은 인내가 요구될 것이다. 바로 여기에 '문화'의 기술과 방법이 관계한다.

작곡을 하는 매 순간마다 기존의 전통과 현재의 요구, 다른 음악가의 관심과 자기의 관심, 사실과 이상 사이에서 끝없이 대조하고 분류하고 매개하면서 새로운 관계로 이행한, 그리고 이렇게 이행해가면서 새로운 화음의 세계를 창조하려 애썼던 바흐(J. S. Bach)의 방식을 일컬어 아도르노(Th. Adorno)는 "미분적 이행의 기술(die Kunst des infinitesimalen Übergangs)"이라고 부른 적이 있지만, 우리 역시 가치들의 갈등 앞에서 선택의 자유와 책임을 의식하면서(첫째), 현실의 아포리아를 인정하는 가운데(둘째), 그럼에도 미시적 개선을 지속적으로 수행해가는(셋째) 우리의 이러한 방식을 '미분적 이행'의 방법이라고 말할 수는 없을까? 이 미분적 변형의 자기 건축술을 '미시적 실천의 납득할 만한 윤리'로 옹호할 수 없을까?

아마도 인내의 이 오랜 시간 속에서 현실의 상처는 조금씩 줄어들지도 모른다. 그것만이 인간 사회를 비폭력적으로 개선시켜 가는 반성적 계몽의 문화적 길이 될 지도 모른다. 필자가 교양 개념에 관심을 갖는 것은 교양의 형성활동이 미시적 미분적 변형의 자기 건축술이기 때문이다. 그것은 현실의 많은 것이 불확실하고, 서로 다른 가치들이 상충하는 삶의 한계조건 아래에서 우리가 적어도 '개별적' 차원에서(첫째), 그리고 '지금 이 순간에' 당장(둘째), '선택'할 수 있을 뿐만 아니라 '감당'할 수도 있는(셋째), 그래서 하나의 '유쾌한' 대응법이다(넷째).

"적어도 개별적 차원에서"라고 쓴 것은, 정치 경제의 제도적 차원에서 집단적으로 할 수 있는 것도 물론 여러 가지가 있을 것이고, 또 마땅히 있어야 한다는 뜻에서다. 또 "유쾌한" 것이라고 쓴 것은 자기 자신을 만들어가는 것만큼 소소하면서도 크나큰 즐거움은 일상에서 달리 찾기 어렵기 때문이다.

3 자기 교육적 요소

잘 알려져 있듯이, 교양(Bildung) 개념은 르네상스 휴머니즘의 전통 이래 문학과 예술 그리고 교육학뿐만 아니라 신학과 철학, 나아가 정치사상에서도 가장 중요한 구성요소의 하나다. 그렇듯이 수신(修身) 개념은 동양의 유학전통에서 『대학(大學)』의 '수신제가치국평천하(修身齊家治國平天下)' 이후 핵심적 주제이기도 하다. 그러니만큼 두 개념은 복잡한 개념사적 발전 단계를 거쳐 왔고, 학자들 사이에서도 조금씩 다르게 이해되어 왔다. 그런 여러 특징들 가운데 필자는 무엇보다 한 가지 – '자기 교육적' 측면에 초점을 맞추어 그 의미를 살펴보고자 하였다.

동양의 유학이 추구하는 것이 '군자(君子)'라고 한다면, 근대 이후 서구의 교양교육이념이 추구한 것은 '개인'이라고 할 수 있다. 주자학적 개인으로서의 군자든, 근대적 교양 인간으로서의 개인이든, 이 둘에게는 '스스로 교육하려는', 그래서 자기 교육 속에서 '스스로 성장해간다'는 문제의식이 들어있었다. 퇴계의 경(敬) 철학이나 율곡의 성(誠) 개념도 이런 마음의 태도라고 할 수 있다.

자기 교육은 서구의 경우 오랫동안 신의 완전성을 본받으면서 이뤄지는 것이었다. 신은 완전하므로 인간은 신적 완전성을 본받아야 한다는 뜻에서였다. 이렇게 본받음으로써 인간은 '어리석은 인간(homo insipiens)'으로부터 '영리하고 현명한 인간(homo sapiens)'으로 변해간다는 것이다. 이것이 중세적 교양교육관이다. 이 중세적 교양관은 17-18세기를 지나면서, 그러니까 에라스무스와 칸트와 헤르더 그리고 괴테와 쉴리를 지나면서 좀더 객관적이고 과학적이며 인간 본위적으로 변해간다.

그리하여 교육은 계몽주의 시대에 이르러 더 이상 신에 의해 주어지는 것이 아니라, 인간이 자유롭게 행동하는 책임 있는 개인으로서 살아가는 것을 목표로 삼는다. 말하자면 '주체성으로의 전환'이 이뤄지는 것이다.

4 개인 / 주체로의 전환

인간을 자유롭게 사고하고 행동하는 존재로 파악하려는 경향은 대략적으로 15세기 르네상스와 더불어 시작되었다. 그러나 이런 문제의식은 광범위하게 퍼져나간 것은 18세기에 이르러서다. 인간은 더 이상 신의 모방으로 자리하는 것이 아니라 그 자체로 존재하고, 그래서 마침내 그의 내재적 가치와 자기 인격을 실현해가는 독립적 존재로 이해되는 것이다. 독일 이상주의, 그 가운데서도 피히테(Fichte)가 중요한 것은 그에 이르러 교양 개념의 주관화/주체화가 확고하게 이뤄지기 때문이다.

이제 인간은 말의 근본적 의미에서 자기를 스스로 만들어가는 존재다. 그래서 '형성'의 본래적인 뜻 – "자아는 내 자신의 산물 (Das Ich als Werk meiner Selbst)"이라는 생각이 사람들 사이에서 자리 잡는다.(위키피디아 독일어 'Bildung' 항목 참조)

이 자기 교육은 그러나 단박에 이뤄지기 어렵다. 그것은 여러 단계의 시간적 경과를 필요로 한다. 그러려면 여러 가지 덕목도 요구된다. 그러니 절차적으로 살펴볼 필요가 있다. 이것을 나는 다섯 가지로 요약하고자 한다. 즉 "감각과 몸의 훈련", "오토포이에시스 – 윤리의 자기 생성적 계기", "반성적 이성의 움직임", "향유 – 상승적 이행의 기쁨", "이데올로기를 넘어 보편성으로"다.

1) 감각과 몸의 훈련

동양에서 강조되는 것이 왜 '수심(修心)'이 아니라 '수신(修身)' 일까? 이렇게 김우창 선생님이 질문하시던 것을 나는 옆에서 들은 적이 있다. 왜 마음이 아니라 몸의 단련이 유학에서 강조되는 것일까? 이것은 중요해 보인다. 우선시 되어야 할 것은, 『소학(小學)』이 강조하듯이, 몸의 훈련이고, 몸을 통한 습득이요 체득(體得)이다. 그렇다고 마음을 통한 훈련(心得)이 중요하지 않은 것은 아니다. 하지만 수심은 수신 다음에 온다. 적어도 동양학에서는 그렇다.

우리가 훈련하는 것은, 감성이든 이성이든, 몸을 통해 이뤄진다. 몸이 먼저 일정하게 느끼고, 그렇게 느낀 내용은 그런 후 어떤 파문을 마음에 일으킨다. 그래서 생각하게 만든다. 이 생각은 말을 통해 일정한 형식 속에서 표현된다. 그리하여 감각과 사고와 언어는 몸을 매개로 서로 연결되는 것이다. 이렇게 체득된 내용은 곧 마음의 내용 – 마음의 무늬를 이룬다. 사람의 인격 – 성격이나 인성, 습관과 태도도 '몸에 그려진 마음의 무늬결에 따라' 자연스럽게 우러나온다.

2) 오토포이에시스 – 윤리의 자기 생성적 계기

여기에서 '자연스럽게 우러나오는 것'은 다시 한번 강조될 필요가 있다. 자연스럽게 우러나온다는 것은 강제나 강요가 없다는 것이다. 그것은 명령이나 지시에 따른 것이 아니기 때문이다. 자연스럽게 우러나온다는 것은, 다른 식으로 말하면, '자기 창출적'이고 '자기 생산적'이라는 뜻이다.

'자기 생성성'으로 번역된 오토포이에시스(autopoiesis)라는 개념은 사회학이나 생물학에서 널리 알려진 단어다. 그것은 루만(N. Luhmann)의 사회 체계론이나 마투라나(H. Maturana)의 자기 조직적 생명 개념에서 중요한 역할을 한다. 하지만 이것이 아니더라도 인간과 사회를 이해할 때, 그리고 무엇보다 인간의 도덕적 행동을 이해할 때, 이 개념은 중요해 보인다. 즉 인간의 행동이 느낌과 생각, 언어와 결단으로 이뤄진다면, 그래서 이 모든 것이 잘 어울릴 때, 이렇게 어울린 채로 선한 행동으로 이어질 때, 우리는 도덕과 윤리에 다다른다.

이 어울림과 이어짐 그리고 다다름의 각 단계에서는 그 전에 없던 요소가 조금은, 때로는 아주 조금이라도, 새롭게 생겨난다. 그리하여 각 단계는 근본적으로 '자기 생성적 변형'의 과정이 된다. 좋은 인격도 자기 생성을 향한 실천 속에서, 그리고 그 자체로 자기 생성적인 윤리의 실천 속에서 만들어지는 것이다.

문제는 윤리와 실천이 강제될 때다. 도덕과 윤리는 사람으로서 마땅히 해야 할 의무적인 사항이고, 그래서 억지로 해야 할 때도 있다. 그러나 그렇게 강제된 것이 오래갈 수는 없다. 설령 오래 간다고 해도 그것이 즐겁기는 어렵다. 조선조의 도덕 윤리는 『삼강오륜』 같은 책에 적혀 있었고, 이렇게 적힌 것에 따라 사람들은 행동해야 했다. 그리하여 그런 규범은 경직되지 않기가 어려웠다. 유학의 이데올로기화도 이런 맥락에서 이해할 수 있을 것이다.

책임이나 의무라는 것은, 거듭 강조하건대, 사람이 마땅히 해야 할 당위적인 것이지만, 그것이 오래 가려면 우선 즐거워야 하고, 나아가 당사자 스스로 선택할 수 있어야 한다. 그래서 저절로 자연스럽게 우러나와야 한다. 자발성은 도덕적 행위의 가장 중요한 계기이기 때문이다. 윤리학의 핵심은 '의무로서 주어진 것을 어떻게 자발적으로 기꺼이 할 수 있는가'를 고민하는 데 있다. 말하자면, 그것은 당위적인 것의 자발적 수행 가능성이다.

여기에는 말할 것도 없이 오랜 수업과 훈련이 전제되어야 한다. 좋은 행동이 외적 강제나 상부의 명령에 의해서가 아니라, 스스로 행하게 된다면, 그래서 자기 창출적 계기를 갖는다면, 그것은 바람직한 것이지 않을 수 없다. 사람은 자신의 느낌과 사고

속에서, 그리고 감각과 이성의 상호 조화 속에서 바르게 행동한다. 이 행동은 사람과 사람 '사이에서' 일어나고, 그래서 이미 사회적이다.

행동의 사회적 관계 속에서 주체가 삶을 쇄신시켜 나간다면, 그것은 그 자체로 윤리적이다. 선한 행동의 자기 창출적 계기는 윤리적 삶의 바탕이다. 예술 경험이 중요한 이유는 그것이 자기 창출적 자발성을 장려하기 때문이다.

3) 반성적 이성의 움직임

자기 창출적 행동이 목표로 하는 덕목은 많다. 자유나 해방, 자율과 성숙, 이성과 자기사고 등이 그 예다. 자기 사고란 칸트식으로 말하여 '스스로 규정하는(sich bestimmend)' 데 있다. 스스로 규정한다는 것은 스스로 사고한다는 것이고, 스스로 반성한다는 뜻이다.

자기 규정의 능력은 곧 이성의 능력이다. 결국 교육과 교양의 목표는 자기 반성적 이성의 능력을 함양하는 데 있다. 칸트가 미학에서 '반성적 판단력(reflektierende Urteilskraft)'을 강조하는 것도, 반성적 판단력이 단순히 대상을 규정하는 데 그치는 것이 아니라, 대상을 규정하는 주체가 자기를 돌아보는 데로 나아가기 때문이다. 주체는 자기 반성을 통해 다른 무엇을 창출하는 데로 옮아간다.

반성적 이성이 움직이는 것은 두 가지의 축 – 자유와 책임 사이에서다. 우리는 자유만 주장해서도 안 되고, 책임만 강조해서도 곤란하다. 둘은 각자만의 상태에서는 오래 가지 못하기 때문이다. 자유는 오직 주체가 스스로의 책임을 얼마나 그리고 어느 정도까지 자발적으로 받아들이느냐에 달려있다. 그리하여 자유의 가능성은 곧 책임의 자발적 수용의 정도와 다르지 않다.

이 대목에서 우리는 의무적인 것의 자발적 수행 가능성에 달려있다는 윤리학의 과제가 다시 변주되는 것을 확인한다. 사실 윤리학의 핵심 내용은 곧 정치사상의, 특히 자유론의 핵심이기도 하다. 주체가 깊은 의미에서 주체가 되는 것 – '주체의 참된 주체화'란 의무의 자발적 수용 능력에 달려있다.

4) 향유 – 상승적 이행의 기쁨

이 글에서의 교양교육론이 자유와 책임을 말하는 것으로 끝난다면, 이 결론에 나는 동의하고 싶지 않다. 나는 칸트의 의무론적 윤리론이 지니는 저 놀라운 설득력과 더불어 그 경직성과 답답함을 토로하지 않을 수 없다. 여기에서는 인간 몸의 쾌락적 측면 – 즐거움이 누락되거나, 아니면 소극적으로만 고려되었기 때문이다.

우리는 '인간 욕망의 향유적 진실'을 적극적으로 고려해야 한다. 예를 들어 내가 지금 하고 있는 일이, 이렇게 쓰는 이 글을 포함하여, 도덕 이전에, 또 진리 이전에, 그 자체로 즐거움을 주지 못한다면, 대체 왜 있는 것인가? 삶의 모든 활동이 쾌락일 수는 없지만, 그러나 즐거움은 인간 행동의 간과할 수 없는, 따라서 존중되어야 할 의미심장한 계기가 아닐 수 없다.

즐거움의 순한 표현이 '기쁨'이라면, 그 강한 표현은 '쾌락'이고, 더 나가면 '욕구' 혹은 '욕망'이 된다. 즐거움과 기쁨, 쾌락과 욕구와 욕망은 긴밀하게 얽혀 있다. 교양교육의 과정은 마땅히 즐거운 기쁨의 과정이어야 한다. 이 기쁨은, 거듭 강조하건대, 단순히 주관적 감각적 육체적 차원에 그치는 게 아니다. 그것은 주관과 감각을 넘어 더 넓고 깊은 차원으로 이어져야 한다. 이 이어짐은 좀더 높은 곳으로 나아간다는 점에서 '상승적'이고, 옮아간다는 점에서 '이행적'이다. 그러므로 참된 향유의 과정은 상승적 이행의 기쁜 과정이다. 향유가 윤리적일 수 있는 것도 이런 이유에서다.

상승적 이행의 과정은 곧 반성적 과정이다. 이 반성 속에서 즐거움은 의미를 찾고 보람을 얻는다. 의미와 보람은 깨우침과 각성을 통해 얻어진다. 반성적 이행 속에서 자신의 영육이 조금씩 변해간다는 것은, 이렇게 변하면서 자기 삶이 잎과 나무와 꽃처럼 매일매일 자라난다는 것을 확인하는 것은 얼마나 놀랍고 즐거운 일인가? 영육의 식물적 성장을 체험한다는 것은 그 자체로 얼마나 흐뭇한 일인가? 그것은 나날의 삶을, 구태의연하고 타성에 젖기 쉬운 인간의 현실을 청량제처럼 쇄신시켜주기 것이기 때문이다.

이렇게 삶을 쇄신하는 것, 그것은 주체의 기율에서 온다. 자율성은 자기 기율의 원리다. 이 원칙은 강제해서 나오는 것이 결코 아니다. 그것은, 거듭 강조하여, 오랜 수련을 거쳐야 한다. 그래야 자발적이고 자생적으로 된다. 이 자발적 자기 기율의 원칙 속에서 인간은 자기의 느낌과 직관, 사유와 판단력을 키워가고, 그 성향을 키워가는 가운데 정체성을 조금씩 확립해간다. 각 개인의 삶이 지닌 고유한 무늬는 정체성의 자발적 형성으로부터 만들어진다.

그러므로 주체의 자기 형성은 곧 정체성의 형성이고, 이 정체성은 그의 삶을 만든다. 이러한 형성 과정은 마땅히 즐거운 것이고, 또 즐거워야 한다. 그리하여 삶의 자발적 형성은 기쁨의 향유 과정이어야 한다.

5) 이데올로기를 넘어 보편성으로

이러한 배움의 과정은 더 넓고 깊은 곳 – 보편적인 지평으로
나아간다. 이러한 뜻은, 교양 이념의 그리스적 기원이었던 파이
데이아(Paideia)가 '단순한 견해'로부터 '진리'로 나아가는 것이고,
그래서 인간의 로고스화를 지향했다는 사실에, 어느 정도 배어
있다. 로고스란 인간 사이의 '인간학적 진리'에 그치는 것이 아
니라, 세계의 '보편적 진리'이기 때문이다. 퇴계의 향상지심(向上
之心)이 추구한 도(道)도 이런 로고스 – 보편적 진리로 향한 마음
의 움직임이 아니었을까?

그러므로 우리는 매일매일의 즐겁고도 더딘 배움 속에서 더
넓고 깊은 곳으로 나아갈 수 있어야 한다. 교양과 교육의 과정은
크고 작은 편견과 선입견의 이데올로기를 넘어 마땅히 세계의
진리로, 그래서 로고스의 보편성으로 이어져야 한다. 그렇다는
것은 여하한의 집단 이념들 – 애국주의나 민족주의 혹은 국가주
의나 국수주의를 넘어서야 한다는 뜻이기도 하다. 이런 식으로
교양 이념은, 수천 년의 개념사적 발전과 그 경로에도 불구하고,

결국 원래의 목표로 회귀한다.

세계의 로고스로 향하지 않는다면, 인간의 교육은 그 무엇을 겨냥할 것인가? 지금 여기에서의 배움이 배움 너머의 이데아로 향하지 못한다면, 삶의 형성은 어디다 쓸 것인가? 우리는 그 이데아에의 전망 속에서 지금 여기 삶의 부실함을 돌아보고, 이 부실함에도 불구하고 이어지는 현존의 놀라움에 경탄할 수 있다. 아마도 이 경탄의 감각 속에서 우리는 우리 자신을, 그리하여 인간 뿐만 아니라 존재하는 모든 것을 더 사랑할 수 있을 것이다. 우리는 결국 더 넓고 깊은 삶의 가능성으로 나아가기 위해 배우고 또 배우는 것이다.

5 교양 개념의 탈계급화를 향하여

교양과 수신의 길에도 물론 여러 방식이 있을 수 있다. 나는 지금까지 여러 방향에서 글을 써 왔지만, 이 모든 것은 결국 하나로 – '심미적인 것의 잠재력'으로 수렴되지 않나 여겨진다. 말하자면 예술의 경험을 통해 우리가 어떻게 감각과 사고를 쇄신

해갈 수 있고, 감각과 사고의 쇄신을 통해 어떻게 삶 자체의 쇄신에 이를 수 있는가를 나는 오랫동안 고민해왔다. 이것은 『김우창의 인문주의』(2006)와 『아도르노와 김우창의 예술문화론』(2006) 이래 지금까지 지난 10여년 동안 내 학문적 관심의 중심을 이루던 주제였다.

무엇을 하든, 어떤 글을 다루든, 내가 하는 읽기와 생각하기 그리고 쓰기는 결국 '예술 경험의 인간적 가능성'으로 귀결된다. 그것은, 다른 식으로 말하여, 예술 경험의 반성적 가능성에 대한 탐구였다. 최근 네이버 강연시리즈에서 발표한 글들 ─「예술경험과 '좋은' 삶 ─ 고야, 아리스토텔레스 그리고 나」(2014)와, 「예술과 이성 ─ 아도르노와 비판이론」(2017) 그리고 「'스스로 생각하기'의 전통 ─ 계몽주의 사상과 그 비판」(2018)도 그런 문제의식을 담은 것이었다. 이 글들은 모두 네이버 '열린 연단' 홈페이지에 동영상 강연과 그 원고가 함께 실려 있다. 이 글 「교양과 수신」(2016)도 마찬가지다.

1) 착잡함 – 오랜 훈련

교양과 수신이라는 주제에 오랫동안 골몰하였다고 하여 내가 이것을 절대화하는 것은 물론 아니다. 여기에도 한계는 많다. 설령 바람직하다고 해도 그것은, 거듭 강조하였듯이, 사회 정치적 개선과 제도적 디자인과 동시에 이뤄져야 한다. 또 교양과 수신의 문제에 집중한다고 해도 착잡함이 없는 것도 아니다.

착잡함이란 한 마디로 그 길이 쉽지 않다는 데 있다. 교양이든 수신이든, 그 핵심에는 자기 연마가 있고, 이때의 자기란 개인의 성정(性情) – 감정과 성격을 뜻한다. 혹은 감각과 사고를 포함한다. 생각은 느낌으로부터 나오고, 이 느낌의 조각들로 생각은 축조되며, 이런 생각의 체계는 말이나 글로 표현되면서 결정화(結晶化/crystallisation)된다. 변화된 행동은 그 결과로 나타날 것이다. 그러니 행동이 이전보다 나아졌다면, 그것은 좀더 높은 수준의 객관성을 보여줄 것이다.

말이 즉각적인 생생함을 갖는 반면에 피상적일 수 있다면, 사고는 입말의 생생함에 깊이를 부여한다. 이 생각은 언어로 표현될 때, 좀더 정밀하고 견고해진다. 말의 옷을 입지 못한 감정은 얼마나 어슴푸레한가? 언어로 표현되지 못한 사고는 얼마나 부정확한가? 언어화란 곧 결정화다. 그것은 안개처럼 모호하고 뭉

뭉거려진 것들을 기하학처럼 확고한 형태로 변모시킨다.

감정과 사고와 언어는 함께 모여 결합되면서, 한 사람이 행동할 때 그 결정과 판단의 근거를 이룬다. 그런 판단 아래 이뤄진 행동의 결과에 책임을 짊으로써, 그것이 실패하면 실패하는 대로, 또 성공하면 성공하는 대로, 그는 삶을 이런저런 식으로 만들어간다. 한 사람의 인성과 인격은 감성과 사고, 표현과 행동 속에서 이뤄지는 자유와 책임의 훈련을 통해 조금씩 만들어져 간다. 학교란 다른 무엇이 아니라, 바로 이같은 자유와 책임의 자발적 훈련을 돕는 기관이다. 그것은 단순히 지식 습득이나 정보 전달의 장소가 결코 아니다. 그것은 주체의 몸과 육체, 신체와 마음과 영혼의 바른 형성을 장려하는 기관이어야 한다.

인격 형성의 과정은 곧 주체의 정체성이 만들어지는 과정이고, 그래서 삶의 형성 과정이 된다. 이 과정이 어떻게 간단할 수 있는가? 또 어떻게 단박에 변할 수 있겠는가? 그것은 수많은 시행착오와 좌충우돌을 전제하는 느리고 지지부진하며 혼미스런 과정이 아닐 수 없다. 그렇다는 것은 그것이 반드시 앞으로 나아가는 전진적 과정이 아니라, 때로는 뒤로 돌아가기도 하는, 실패와 역행과 몰락으로 점철되는 퇴행적 과정일 수도 있다는 뜻이다. 게다가 교양 수신의 예술 문화적 길은, 위에서 적었듯이, 정치 프로그램이나 사회운동처럼, 일목요연한 계획 아래 대오를 맞춰가며 정해진 방향으로 진행되는 게 아니다. 거기에는 강제나 억압이나 명령이 없기 때문이다. 그래서 한없이 늘어질 수도 있고, 갖가지 우회와 역행으로 가득찬 우여곡절의 길일 수도 있다. 이것은 예술 언어의 간접적 성격에서 온다.

예술의 언어는 직접적으로 설파되는 것이 아니라 간접적으로 표현된다. 그것은 근본적으로 묘사와 비유의 언어기 때문이다. 그래서 자주 '요청'과 '권고' 혹은 '제안'의 형식을 띤다. 더 정확하게 표현하여, '이러이러한 가능성이 있다'라고만 서술된다. 그러한 서술에 대해 독자/관객/청중은 어떤 느낌을 받을 수도 있고, 아무런 느낌 없이 지나칠 수도 있다. 하나의 예술 작품을 모두가 어떤 다른 사람처럼 꼭 느껴야 할 이유는 전혀 없다. 예술이 그렇고, 문화가 그러하다.

이렇듯이 예술과 문화는 근본적으로 길고 오랜 시간의 경과를, 이런 경과 속의 성숙을 요구한다. 그 시간은 한편으로 감성과 이성을 단련시키는 과정이면서, 다른 한편으로 그 과정 자체가 거꾸로 감성과 이성의 단련을 요구한다. 그러니 예술 작품을 제대로 감상하려면 가끔은 하던 일을 멈춰야 한다. 이렇게 멈춘 채 느껴야 하고, 이렇게 느낀 것을 곰곰이 생각하며 주위를 돌아볼 수 있어야 한다. 문화는, 각 개인이 예술의 경험 내용을 생활 속에서 느끼고 생각하여 하나의 매듭으로, 하나의 의미 있는 파문(波紋)으로 받아들일 때, 그래서 자기 영육의 세포로 삼을 수 있을 때, 비로소 실현된다. 절실하게 배운 내용을 영육의 세포와 근육과 뼈대로 삼는 것, 이것을 우리는 '육화(肉化)'라고 부를 수 있다.

이 대목에서 한 가지 짚어야 할 대목이 있다. 그것은 교양과 문화의 기초로서의 물질적 토대에 대한 문제다. 이것은 괴테의 소설『빌헬름 마이스터의 수업시대』에도 나온다.

2) 정신과 '토지' – 교양의 물질적 토대

『빌헬름 마이스터의 수업시대』의 주인공인 빌헬름의 아버지는 상인이다. 그는 상인이 되라는 아버지의 권고를 물리치고, 어릴 때부터 연극에 대한 관심을 갖는다. 그래서 연극을 하며 삶을 만들어간다. 이 작품의 앞에는 교양에 대한 유명한 언급 – 귀족에게는 일하지 않고도 먹고 살 수 있는 재산과 지위가 있는 반면, 상인/부르주아/시민으로서의 자기는 먹고 살기 위해 일을 해야 하고, 나아가 귀족 품위에 상응하는 '교양'을 갖추어야 한다고 말하는 대목이 나온다. 그러니까 서구 근대 사회에서 교양이란 귀족 계급의 지위나 재산에 대하여 시민이 갖추어야 할 덕목의 하나로 등장한다. 교양도 '계급적으로 조건지어져' 있는 것이다.

조선시대의 논쟁을 보면, 사단칠정론이든, 제의(祭儀)를 둘러싼 격론이든, 도(道)나 예(禮) 혹은 의(義)를 향한 맹렬한 의지가 있다. 그런데 이런 논의를 지탱하는 것은 '땅'의 문제다.(이것을 박광성 에피파니 대표는 교양과 수신의 문제를 나와 얘기하면서 여러 차례 강조한 바 있다.) 하지만 사대부들은 수신제가치국평천하(修身齊家治國平天下)의 문제가 토지 소유의 문제와 무관한 것처럼, 그래서 이념의 관점에서만 논의하였다. 나아가 수기치인(修己治人)의 물질적 생계적 문제를 폄하하기도 했다. 그들이 토지 문제를 도외시했던 것은 그들 스스로 경작권을 가졌기 때문이다. 그들은 토지 소유에 따른 물질적 권리를 누렸지만, 군역이나 납세 같은 국가공동체에서의 의무는 다하지 않았다. 그들은 자신의 물질적 특권이 얼마나 공정한 것인지 '반성적으로 사고하지도' 않았고, 그런 주제를 '공적으로 주제화하는' 용기도 갖지 못하였다.

그러나 정신이, 이 정신의 내용이 성의정심(誠意正心)이든 격물치지(格物致知)든, 아니면 진선미든, 토지 소유의 문제와 분리될 수 없다는 사실은 자명하다. 구태의연한 말이지만, 정신은 물질과 같이 가기 때문이다. 그러면서도 정신이 반드시 물질로 환원되는 것은 아니다. 그러므로 교양 개념은 물질적 토대와 그 너머로 나아갈 수 있어야 한다.

그러나 귀족이 계급적 이익의 편의를 스스로 거부하고 '인간 전체의 가능성'을 탐색한 경우가 한국의 지성사에는 있는가? 그래서 이를테면 19세기 러시아 지성사에서의 데카브리스트 운동이나, 아니면 더 구체적으로, 헤르첸(A. Herzen)의 삶이 보여주듯이, 그런 위대한 사례가 있었던가? 그런데 이것은 지난 조선조의 시대에서만 그랬던 것은 아니다. 오늘의 21세기 현실에서도 그것은 물어볼 만한, 아니 꼭 물어보아야 할 문제가 아닐 수 없다. 그리고 그렇게 물어 보아야 할 이유는 무슨 '전복'이나 '봉기'를 위해서가 아니라, 삶의 얄팍하고 표피적인 차원을 지양하기 위해서다. 얄팍한 차원을 넘어 삶의 본래적 깊이와 넓이, 그 전체적 가능성을 회복하기 위해서다.

3) 자기 형성 – 싸움과 기다림 사이에서

교양의 추구에는 깊은 의미에서의 정신주의적 신뢰가 있다. 그런 점에서 교양은 근본적으로 '고상'하고, 따라서 '귀족적'이라고 비판할 수도 있다. 그러나 그렇다고 귀족적인 유산들의 모든 것이 나쁜 것은 아닐 것이다. 가치는 언제나 양가적이기 때문이다. 귀족 계급에 속한 것들 가운데, 전통적 시각에서 보면, '우아'나 '품위' 혹은 '기사도' 같은 덕목은 훌륭한 것이었다고 할 수 있을 것이다. 그러면서 그런 덕목들에 억압과 위선과 가식도 섞여 있었다는 것도 사실이다. 그러니까 모든 가치는 오늘의 관점에서 언제나 새롭게 분별될 필요가 있다.

마찬가지로 교양의 문제 역시 계급적으로만 규정할 수는 없을 것이다. 자기 형성의 문제란 정신의 문제이면서도 동시에 물질의 문제이기도 하지만, 그러나 궁극적으로는 '삶의 문제' – 일평생 계속되어야 할 인간 생애의 문제가 아닐 수 없다. 다시 한번 더 확인하자. 독일어에서 '교양(Bildung)'이란 '형성'의 뜻이지만, 평이하게는 '만들어가는 일(building)'이라는 뜻이다. 따라서 교양인(Bildungsmensch)이란 무슨 명문대학이나 학위를 가졌다고 해서가 아니라, '스스로', '평생에 걸쳐' '만들어가는' 사람이다. 이 단순한 사실을 우리는 거듭 강조할 필요가 있다! 평생에 걸쳐 자기 스스로를 만들어가지 못한다면, 우리는 아마도 교양 속물이 아니 되기 어려울 것이다.

인간은 살아가는 한, 적어도 살아 있는 한, 계속 자기를 만들어가야 하고, 그렇게 일평생 삶을 만들어가는 한, 그는 비로소 교양인이 될 수 있고, 또 교양인이다. 그러나 이 명백한 사실을 잊지 않기 위해서라도 싸움과 이 싸움 속의 기다림은 불가피해 보인다. 페터 바이스(P. Weiss)는 세상을 떠나던 해에 쓴 『새로운 소송』(1982)의 한 대목에서 주인공 K를 통해 이렇게 말한다.

> "뷔르스트너 양, 난 당신에게만 말해요. 당신에게 뭔가 말하려고 시
> 도할 겁니다. 그건 내 삶에 어떤 것 - 멈출 수 없는 싸움과 같은 겁
> 니다. 아니, 그 사이엔 기다림이 있습니다. 대개 그건 기다림이죠.
> 그런 후 싸움이 오고, 그런 후 치고 받다가, 다시 난 기다리고 -"

싸우길 좋아하지 않는다고 해도 싸움이 사라지는 것은 아니
다. 우리는 현실에서 부단히 싸워가야 한다. 이때 싸움의 대상은
세상이거나 타인일 수도 있지만, 자기 자신일 수도 있다. 아마도
궁극적 대결의 대상은 자기 자신일 것이다.

그러나 싸움이 이처럼 불가피하다고 해도, 늘 싸워야 하는 것
은 물론 아니다. 우리는 싸우면서도 그 결과를, 아니면 싸우지
않는 상태를 '기다려야' 한다. 삶의 많은 것은 "싸움"과 "기다
림" 사이에 있다. 이 사이에 무엇이 있는가? 바로 형성의 수업시
간이 있다. 우리는 부단히 싸우면서 기다려야 하고, 이렇게 기다
리는 동안에도 그저 넋을 놓고 기다리기만 하는 것이 아니라, 가
치들 사이의 갈등을 고려하고 최종 해결책을 불신하면서도 '동
시에' 자기를 부단히 갈고 닦아야 한다. 나아가 자기 자신을 갈
고 닦는 일 - 이 미시적 개선의 미분적 이행이라는 평생의 과업

을 생애 투쟁의 궁극적 목표로 삼을 수 있어야 한다.

이 일을 등한시 한다면, 아마도 우리는 속류 문화의 교양 속물로서 살아가는 일에서 벗어나지 못할 것이다. 무교양의 반문화와 싸우는 것이 결국 자기의 형성을 위한 투쟁이 아니라면, 과연 누구를 위한 것이겠는가? 결국 반문화의 무교양에 대한 저항적 투쟁도 자기의 삶을 위한 것이다.

그리하여 나는 이렇게 결론적으로 말하고 싶다. 교양과 수신의 문제는 귀족이나 권력자의 전유물이 아니다. 마찬가지로 돈 있는 사람이나 한가한 사람의 유한 계급적 사안도 아니다. 그것은 취향이나 기호(嗜好)의 문제일 수 없기 때문이다. 미와 예술의 문제가 취향과 취미로 다 해소된 것처럼 여긴 것은 칸트의 과오였다. 이런 점에서 인문적 교양에 대한 혁명파나 진보파의 적개심은 표피적이다.

교양은 인간이면 누구나 추구하는 일이고, 또 추구해야 마땅한 전(全)인간적이고 전(全)인격적이며 전(全)생애적이고 전(全)문화적인 사안이다. 그것은 계급적으로 환원될 만큼 좁고 피상적인 문제가 결코 아니기 때문이다. 우리는 전통적 교양 개념의 계급 특권적 유한 계층적 차원을 이제는 넘어서야 한다.

그러나 교양이 인간과 그 삶에서 '전체'의 문제라는 사실 이상으로 중요한 것이 하나 더 있다. 그것은 교양의 추구가, 흔히 보이듯이, 과시나 자랑의 대상이어선 곤란하다는 점이다. 이것은 사소한 문제이지만, 다시 짚어볼 만하다.

자기의 형성에 골몰하고, 그래서 예술의 경험을 중시하면서 나날이 교양을 쌓아간다고 하여 그렇지 않는 사람을 비하하거나 무시할 이유는 없다. 교양은 자기 우월의 수단이어선 곤란하된다. 그것은 교양의 원래적 의미 – 부단히 '스스로를 만들어가는 자'로서의 자기를, 자기 형성의 그 자족적 행복을 원천적으로 배반하는 일이기 때문이다. 어떤 고상한 이념 안에서도 자기기만의 위험은 있다.

4) 문화의 성숙과 정신의 육화

중첩적 모순에 대한 이런 겹겹의 문제의식 속에서, 이런 문제의식을 육화한 정신의 명료한 생활태도 속에서 문화는 비로소 성숙해갈 수 있을 것이다. 주체, 양심, 자유, 실존, 심연, 한계, 침묵을 포함하는 내면 공간, 혹은 내면적 투쟁의 가능성에 대한 탐구는 이 때문에 인문학 공부에서 결정적다. 내면의 성숙을 말하기 위해 우리는 얼마나 오랜 수업과 연마와 고민의 나날을 보내야 하는가? 이 대목에서 나는 문학-예술-인문학-문화 공부의 무기력을 다시 말하지 않을 수 없다.

문화의 기획에서 무기력은 처음부터 자명하다. 문학이 그렇고, 예술이 그러하며, 철학이 그렇고, 이념의 구체적 실현이 그렇다. 거기에는 수많은 실패와 예기치 않은 오해가 예정되어 있기 때문이다. 이런 점에서 니체가 『선악의 저편(Jenseits von Gut und Böse)』(1886)에서 한 말 – "독립한다는 것은 극소수 사람들의 문제다(Es ist die Sache der Wenigsten, unabhängig zu sein)"라고 쓴 것은 정확한 진단이다. 우리는 삶 자체가 동반하는 크고 작은 위험 앞에서 때로는 길을 잃고, 때로는 고독에 빠져 양심이라는 괴수에게 영혼과 육체가 찢기기도 하지만, 그러나 이 고통을 스스로 이겨내야만 한다.

영육의 편재하는 무기력에도 불구하고 그 좁은 상승적 이행의 가능성을 타진하는 것 외에 더 나은 인문적인 길을 나는 알지 못한다. '더 나은 인문적 길'이란 예술이, 이를테면 정치학에서처럼 현실진단에 그치는 것이 아니라, 그렇게 진단하는 '자기에 대한 반성'을 포함하고, 윤리학이 그러하듯이 도덕을 설파하는 데 그치는 것이 아니라, 도덕이라는 말없이도 삶의 쇄신 속에서 좀 더 나은 차원으로 스스로 나아간다는 점에서, 그리고 철학에서처럼 개념적 논증적으로 작업하는 데 그치는 것이 아니라, 개념에 기대면서도 개념 너머의 지평으로 열려있다는 뜻에서, 정치학이나 윤리학이나 철학보다 뛰어나다는 점에 있다.

이처럼 교양 수신의 길은, 크고 작은 난관과 교양속물의 위험성에도 불구하고, 자발적 주체의 형성으로부터 성찰의 성숙한 문화로 이어져 있다. 그리하여 교양 수신의 이같은 길에 좀더 많은 사람들이 참여하기를, 그래서 그 기쁨을 더 많이 누리기를 나는 깊은 마음으로 희구한다. 예술의 길은 자기를 연마하는 즐거운 형성의 길이고, 이 수신의 길은 좀더 이성적인 문화의 질서로 이어진다.

I

괴테의 교양과 퇴계의 수신

— 시작하며

이제 더 이상 전체적 세계에 대면하는 어떤 전체적 인간(ein ganzer Mensch)은 없어.
단지 어떤 인간적인 것이 일반적 유동체 속을 움직일 뿐이지…
괴테적 의미에서의 전체적 교양이란 더 이상 존재하지 않아.
그래서 오늘날에는 모든 생각에 반대하는 생각이 있고,
모든 경향에 즉각 대립하는 경향이 있지.

_ 무질(R. Musil), 『특성 없는 인간』(1932)

1 교양 이념의 개념사적 조감

　　교양과 교육 그리고 형성에 관한 논의는 지성사적 맥락에서
보면 개념상의 기나긴 홍고성쇠를 겪는다. 그러면서 그것은 유
럽의 문화적 정체성에서 가장 중대한 부분을 이룬다고 할 수 있
다. 그것을 이 자리에서 다 거론할 수는 없지만, 그에 대한 스케
치는 매우 중요해 보인다. 줄이면 네 가지다.

① 소설사적 맥락

교양과 교육에 대한 이야기는 소설사적 맥락에서 보면 단연 독일에서 가장 특징적으로 나타났다고 할 수 있다. 그것은 빌란트(Ch. M. Wieland)의 『아가톤의 이야기』에서 시작하여 모리츠(K. P. Moritz)의 『안톤 라이저』나 켈러(G. Keller)의 『녹색의 하인리히』 그리고 슈티프터(A. Stifter)의 『늦여름』을 지나 20세기의 무질(R. Musil)의 『특색 없는 인간』과 헤세의 대부분의 소설에 이르기까지, 나아가 1960년대를 지나면서 그라스(G. Grass)의 『양철북』이나 한트케(P. Handke)의 『긴 작별에 대한 짧은 편지』에 이르기까지 광범위하게 나타난다. 그 중심에는 물론 괴테의 교양소설이 있다.

그러나 교양교육소설은 독일에만 나타났던 것은 물론 아니었다. 그것은 영국이나 프랑스 등 유럽의 다른 나라에서도 자주 등장했다. 이를테면 디킨스(Ch. Dickens)의 『데이비드 코퍼필드』나 플로베르의 『부바르와 페퀴셰』는 그 대표적 예다.

그러나 소설 장르 전체가, 그것이 인간의 내면적 정신적 성숙에 대한 고민을 담는 한 교양적이고 형성적이라고 할 수도 있다. 소설은 크게 보아 종국적으로는 '인간의 되어감' – 영육적 진화 과정을 그리기 때문이다. 그런 점에서 사실은 모든 소설을 나아가 모든 예술 작품을 '형성적'이라고 말할 수도 있을 것이다.

② 독일의 사상사적 맥락

교양교육론에는, 독일의 사상사적 전통 안에서 보면 빙켈만(J. J. Winckelmann)의 고대 그리스 재발견 이후 칸트와 헤겔의 철학 그리고 헤르더의 인간학적 논의를 거쳐 훔볼트의 언어 교육론과 대학 개혁론에까지 드넓게 걸쳐있다. 그리고 그 중심에는 괴테의 소설과 그 이념이 있고, 이 괴테 소설을 보편사적 관점에서 해석한 헤겔의 교양론이 있다. 그리고 무엇보다도 쉴러의 심미적 교육론이 자리한다.

③ 유럽의 사상사적 맥락

교양교육론은, 독일을 넘어선 유럽적 차원에서 보면, 데카르트와 로크 그리고 스피노자와 더불어 시작하는 서구 근대 철학에서 1600년대 이래 본격적으로 시작됐다고 할 수 있다. 또 그것은 더 넓게 보면 플라톤이 그의 『국가』에서 교육에 기대어 이상 국가를 실현하고자 할 때 이미 나타난다고 할 수도 있고, 스토아학파나 에피쿠로스학파가 감성의 제어나 존중을 통해 행복한 삶이 무엇인가를 물었을 때도 확인되는 바이기도 하다. 푸코가 말년의 이른바 '실존 미학'에서 '자기에의 배려'를 통해 삶의 기술을 강조할 때, 그 논의의 중심에 있었던 것도 이들 고대의 저작이었다. 근대 철학 이후에는 샤프츠베리(A. Shaftesbury)의 윤리학과 버크(E. Burke)의 숭고론 그리고 루소의 문화 비판도 자리한다.

어떻든 고대와 근대 그리고 현대의 교양교육론에서 되풀이하여 강조되는 것은 이른바 근대적 가치들 – '자율성'이나 '자발성', '자유의지'와 '독립성' 그리고 '책임' 등등의 개념이다. 그것은, 조금 다른 식으로 표현하여, '자기 규정(Selbstbestimmung)'이나 '자기 실현(Selbstverwirklichung)' 아니면 '자기화(Selbstwerdung)'라는 술어로 나타나기도 한다. 어떻든 이 모든 것은 어떤 '전인적 인간'과 '전인적 인격체'를 지향한다. 말하자면 전체성과 보편성의 이념이 강조되는 것이다. 교양 이념에서 전체성과 보편성을 강조하는 것은 그런 이유에서다.

2 교양 이념의 억압성

교양 이념은 대략 1700년대 말에서 1800년대 초에 걸쳐 만들어지고, 그 내용도 복잡하다. 그러나 그 중심에는 앞서 적었듯이 자기 형성(Selbstbildung)이나 자유의지, 개인주의, 유기체적 조화, 성장과 발전, 성찰과 내면성, 자기 훈육이나 수련 그리고 연습, 개인성의 고양, 책임성, 정전(正典), 비판적 교육학 등등의 개념이 얽혀있다.

교양 이념은 다시 줄이자면 인간의 자기 형성과 전인적 인격의 자발적 발전을 강조하면서 개인성의 고양과 유기체적 조화를 지향한다. 그러면서 그 이념은 근대에 들어와 심화되기 시작하는 소외의 극복을 목표로 한다. 그래서 이것은 개인의 자율과 책임을 강조하고, 이성을 통한 사회 변화를 내세우는 계몽주의의 정신과도 상통한다. 이렇게 하여 교양 사상은 괴테와 쉴러로부터 헤르더와 훔볼트를 지나면서 더 체계화되면서 더욱 다양하게 퍼져나가는 것이다.

그러나 '개인'에 방점을 찍는 교양 사상은 20세기 초 니체의 비판 이후에, 또 1950년대 이후 이른바 '비판 이론'이나 '문화 산업론'에 의해 그리고 푸코의 권력 비판적 담론 분석에 의해 점차 쇠퇴해간다. 특히 독일의 교양 전통은 제2차 세계대전을 거치면서, 당대 교양 지식인들의 현실 대응에서 나타났듯이, 나치즘 현실에 아무런 저항 없이 순응하면서 거의 파산 선고를 맞는다.

여기에는, 좀 더 넓은 맥락에서 보면, 산업 사회에서 자본주의 사회로의 전환이라는 시대사적 성격의 질적 변화도 자리한다. 사회의 기초 설비에 대한 투자나 근검과 성실의 덕목만을 강조하던 산업 사회가 복지와 풍요, 소비와 쾌락으로 특징지어지는 자본주의 상품 사회로 변화한 것이다. (이것은 사실 한국에서도 다르지 않다. 현 단계 우리 사회의 갈등에는 물론 여러 요인이 있지만, 사회성격의 전적인 변화도 사회정치적 갈등의 중대한 요소로 자리하는 것으로 보인다) 그리고 지금은 인터넷 디지털로 특징지어지는 자본주의 소비 사회의 끝에 와 있다.

오늘날 세계는 과거의 그 어느 시대보다 복잡하고, 또 많은 정보로 넘쳐나고 있다. 이런 현실에서 '온전한 인격'의 실현이나 '유기적 조화'의 이념은 추상적으로 보이고, 때로는 무책임하게 여겨지기도 한다. 그러나 교양 이념이 처음 생겨날 무렵, 그것은 그 전의 생활 관념 – 많은 일에서 사회적 관계와 우주적 원리에의 순응과 복종을 강조하던 생활 원칙보다 훨씬 '진보적인' 것이었다. '집단'이 아니라 '개인'을 우선시하고 삶의 세계를 '변화할 수 있는' 것으로 간주하며, 나아가 역사 현실의 '발전 가능성'

을 신뢰하는 것 자체가 1700~1800년대 당대 현실에서는 지극히 혁신적인 관점이었다. '성장'이나 '발전' 혹은 '변화'나 '진화'는 기본적으로 근대의 산물이다. 그리하여 교양 이념과 근대적 개인주의 사이에는 사상적 평행 관계가 있다.

그러나 오늘날의 현대 사회에 와서 교양 이념이 현저하게 쇠락한 것은 틀림없는 사실로 보인다. 문화는 20세기 후반의 대중사회를 거치면서 철저하게 산업화/상업화되었고, 교양은 이제 허울만 교양일 뿐, 아도르노가 지적한 대로, '반(半)교양(Halb-Bildung)' 혹은 '무(無)교양(Un-Bildung)'으로 전락해버렸다. 현대사회가 문화 산업적 대중사회로 진입하게 된 것도 이미 반 세기 이상이나 지나갔고, 이제는 그 대중사회로부터도 멀리 떠난 듯한 인터넷 디지털 사회가 되어버린 것이다.

그리하여 서구고전 교양의 저 기나긴 목록은 이제 수많은 다이제스트 요약본이나 수험서, 아니면 기능자격증 시험지에만 명맥을 유지하는 듯하다. 오늘날의 인터넷 정보 사회란 근본적으로 반교양과 무교양의 사회가 아닐 수 없다.[10] 지금의 무교양 인터넷 정보 사회는 대중사회의 문화 산업적 요소를 극단화하면서 계승한 것으로 보인다.

---

10 Heiner Hastedt, *Was ist Bildung?* Reclam, Stuttgart, 2012, S. 20.

3 오늘의 교양교육 – 몰락사의 끝에서

다시 묻자. 교양이란 무엇인가? 그것은 독일어 'Bildung'이라는 말에서 유래했다. 그것의 동사는 'bilden', 즉 '만들다'라는 뜻이다. 무엇을 만든다는 것인가? 그것은 자기의 품성과 성격을 만들고, 삶의 가치관과 태도 그리고 인격과 자세를 키운다는 뜻이다. 교양에서 '만들고' '닦는다'고 할 때, 그 목적어는 몸과 마음이 될 수도 있고, 성격이나 정신, 태도나 습관이 될 수도 있다. 아니면 이 모든 것을 포함하여 그 자신의 삶이나 세계관이 될 수도 있다.

좋은 성격과 가치와 기준을 키우고 만들고 배양하고 장려하는 것, 그것이 곧 교양의 과정이면서 교육 자체의 내용이다. 그리하여 교양인(Bildungsmensch)이란, 엄격한 의미에서, 어느 대학을 나오고 무슨 학위를 가진 사람을 뜻하는 것이 아니라, 스스로 만드는 자 – 자신의 몸과 정신을, 그 인격과 기준을 부단히 더 높은 수준으로 만들어가는 '형성적 인간'을 뜻한다. 바로 이 점에서 교양과 수신의 자기 변형적 과정은 근대적 의미의 개인 – 시민의 정치 도덕적 훈련 과정과 겹친다.

① 교양 = '주체의 주체화'

그런 점에서 교양/형성은 교육의 두 가지 측면 – 배우는 일과 가르치는 일 가운데 '배우는' 일을 더 강조하고, 이 배움 가운데 무엇보다 '스스로 배우는' 일 – 자기 형성과 자기 교육을 더 중시한다. (이 강연문의 부제가 '괴테와 퇴계의 자기 교육적 성찰'인 것은 이런 이유에서다. 이를테면 훔볼트에게 있어서도 교육이란 곧 자기 교육이었다) 교양교육론에서 그 무엇이 말해지건, '취향'이나 '판단력'이건, '성격'이나 '인격'이건, 혹은 '교육'이나 '도덕' 아니면 '문화'건, 이 모든 주제가 수렴되는 하나의 지점은 결국 개인의 자기 형성 문제다. 그것은, 달리 말하여, 한 개인이 어떻게 참된 개인이 되는가의 문제이고, 따라서 '주체의 주체화' 문제라고 할 수 있다.

주의해야 할 것은 이때의 주체란 '참된' 주체이고, 이 참된 주체로 나아가기 위한 교양은 '구속력 있는 교양'이다. 말하자면 그것은 교양 개념이 어떻게 공적 사회적으로 책임 의식을 갖느냐의 문제다. 이런 이유에서 지나치게 사적으로 된 개인, 그래서 이기적 개인은, 마치 밀폐된 자아처럼, 교양의 참된 목표가 될 수 없다.

그러므로 교양교육의 문제는 참으로 깊은 의미에서 인간 자체의 변화 가능성에서 출발하여 사회 전체의 변화 가능성을 타진

한다. 인본주의적 교육 철학 프로그램은 그런 기획의 이념적 토대다.

② 교육은 결국 자기 교육

교육이란, 되풀이하여 강조하건대, 근본적으로 '자기 교육'이다. 교양교육이란 자기 교양교육이다. 교육이란 사회화가 아니라 '자기화(Selbstwerdung)'의 문제다. 교양교육에서 우선시되어야 할 것은 '사회'나 '역사'가 아니라 '자기'이고, 이때의 자기란 단순히 '있는 자기'로서가 아니라 '되어야 자기' – 지향의 목표와 갈망의 대상으로서의 이상적 자기다. 이 자아는 지금 형성 중이고, 앞으로도 형성되어야 한다.

그러므로 교양교육이 추구하는 자아란 좁은 의미의 자기 – 사적이고 밀폐된 자아가 아니라 확대된 자아이고, 따라서 이 자아는 이미 어느 정도 객관화되어 있다. 교양교육이 지향하는 자기란 '주체적으로 촉발되고 타자적으로 매개되는' 자아인 것이다.

③ 교양과 수신(修身)

교양을 빌둥(Bildung)이라는 뜻으로 보면, 이 개념은 서구의 사상적 전통에서, 특히 괴테 이후의 독일적 전통에서 나온 것으로 이해할 수 있다. 그에 반해 수신은 사람에 대한 통치(治人)와 더불어 동양의 오랜 사유 전통에서 나온 것이다. 그러면서도 교양과 수신 개념에는, 그것이 스스로 만들고(Sich-bilden) 무엇을 이뤄간다는 점에서, '자기를 닦는', 말하자면 수신적이고 수양적(修養的)인 요소가 배어있다. 그러는 한 교양과 수신의 이념은 서로 겹치고 교차한다. 교양은 곧 형성이고 교육이면서 수신이고 수양인 것이다. 그러면서 동서양의 각 전통에서 누락된 점도 분명 있을 것이다. 그런 점에서 교양과 수신의 이념은 개념적으로 어긋나기도 한다.

이를테면 푸코가 '자기 배려'라는 구상과 관련하여 보여주듯이, 자기 형성의 이념은 고대 그리스 철학에서 중심적인 주제였지만, 근대에 들어와 강조되는 보편적 윤리에 대한 요구 때문에 구석으로 밀려난다. 칸트의 이른바 의무의 윤리학은 그런 요구의 예다. 말하자면 윤리나 도덕을 전방위적으로 요구함으로써 자기 자신을 배려하는 형성의 기술 – 헤르더와 훔볼트적 교양이상의 고전적 선례가 될 하나의 전통이 망각되어버린 것이다. 이것은 심각한 손실이 아닐 수 없다.

④ 교양교육과 예술 – '심미적 매개'

이 모든 문제의식에는 인간의 자기됨을 방해하고 억압하는 근대 이후의 갖가지 병폐 – 삶의 광범위한 야만화가 있다. 이 야만화는, 앞서 적었듯이, 생활 세계의 전반적 상업화와 파편화, 기계화와 기능화로부터 온다. 인간의 내적 분열이나 본성의 고갈 그리고 자기 소외도 그런 폐해의 대표적 사례다. 이런 해는 현대 사회에 들어와 심화되고 있고, 바로 그런 현대적 병리학의 끝에 오늘의 우리가 서 있다.

그렇다면 현대 사회의 이 같은 야만화에 대해 어떻게 대응해야 하는가? 그 방법에 대해서는 물론 여러 가지 분야에서 다양한 방식으로 강구할 수 있을 것이다. 자기 형성은 개인의 경우 주관적 기호나 취미와 연결되고, 공동체의 경우 의무와 윤리의 문제와 연결된다. 어찌되었건 그것은 의무와 기호(嗜好)라는 칸트적 대립을 넘어서야 한다.

필자가 그 방법으로 염두에 두는 것은 '심미적인 것의 매개'다. 왜냐하면 감각과 이성을 이어주고, 느낌의 수동성과 생각의 성찰성을 하나로 결합하는 것은 오직 심미적 경험 속에서 가능하기 때문이다.

아마도 예술만이 아무런 강제 없이, 말하자면 각 개인의 자발적 선택과 각 생애의 실존적 유일무이성을 존중하는 가운데, 인간을 보다 나은 상태로 옮아갈 수 있도록 장려하는 지도 모른다. 우리는 예술의 경험 속에서 감성 교육과 이성 교육을 '동시에' 행할 수 있다. 우리는 예술에서 이뤄지는 감각의 갱신을 통해 사유를 갱신하고, 이렇게 변화된 사유로 정치적 자유를 앞당기며, 이 정치적 자유 속에서 공동체의 정의와 삶 자체의 자유로, 그래서 자유의 왕국으로 나아갈 수 있을지도 모른다. 교양과 수신의 이념을 괴테와 퇴계의 저작 속에서 고찰하려는 이 글의 의미론적 외연은 이렇다.

4 논의 절차 - 비교문화적 검토

교양과 수신이라는 주제에는 이렇듯이 많은 것이 얽혀있다. 그 이념은 우선 동서양의 사상사적 전통에서 서로 다르게 나타나고, 또 개념사적으로도 지역이나 작가에 따라 다양한 형태로 전개되어 왔다. 그러니 그에 대한 논의는 강연자나 필자에 따라 다채롭게 나타날 것이다. 이것을 나는 세 단계로 나눠서 탐색해 보고자 한다.

첫째, 서구 교양소설의 정점이라고 할 수 있는 괴테(J. W. v. Goethe)의 『빌헬름 마이스터의 수업시대(Wilhelm Meisters Lehrjahre)』 (1795)와 『빌헬름 마이스터의 편력시대(Wilhelm Meisters Wanderjahre)』 (1829)에서 교양의 이념이 어떻게 전개되었는가를 살펴본다. (II부)

둘째, 여기에서 나온 교양-형성-교육에 대한 여러 생각들을 동양에서의 수신(修身) 혹은 율기(律己)의 전통과 연결지어 고찰한다. 동양 사상에서의 수신덕목은 물론 여러 저작에 광범위하게 나타나 있다. 그것은 『논어(論語)』를 비롯한 사서삼경과 그에 대한 송대 해석인 『근사록(近思錄)』에 잘 나타나 있지만, 나는 무엇보다도 퇴계의 『자성록(自省錄)』과 『언행록(言行錄)』을 중심으로 살펴보려고 한다. 왜냐하면 이 두 저작은 퇴계 스스로 돌아보면서 적었거나 그의 생전의 가르침을 제자들이 기록한 것이니만큼, 말과 행동의 윤리적 방식에 대한 매우 생생한 사례로 보이기 때문이다. (III부)

셋째, 괴테의 작품과 퇴계의 저술 사이의 비교를 통해 그 속에 담긴 교양과 수신의 이념이 오늘날 어떤 의미를 갖는지를 비판적으로 고찰해 보고자 한다. 그래서 전통 속의 좋은 이념들이 오늘날 어떤 점에서 유효하고 부적절한지, 유효한 덕목의 경우, 그것이 어떻게 한국 사회에서 적극적으로 활용될 수 있는지를 살펴볼 것이다. (IV부)

II

괴테의 『빌헬름 마이스터의 수업시대』

천자로부터 서인에 이르기까지 한결같이 모두 자기 연마를 근본으로 삼는다.
그 근본이 어지러우면 말단이 다스려진 경우는 없다.

(自天子以至於庶人 壹是皆以修身爲本. 其本亂而末治者否矣)

_ 『대학(大學)』, 「장구(章句)」

괴테의 소설 『빌헬름 마이스터의 수업시대』는 그 속편
『빌헬름 마이스터의 편력시대』와 더불어 이른바 교양소설
(Bildungsroman)의 전형을 이루는 방대한 분량의 작품이다. '교양
(Bildung)'이란 말은 '만들다(Bilden)'에서 나왔으니만큼 이 작품
은, 한 개인이 어떻게 자기를 만들어가면서 삶을 이뤄가는가를
묘사하고, 바로 그 점에서 '교육'이자 '발전'의 과정을 보여준
다. 그래서 교양소설은 교육소설(Erziehungsroman) 혹은 발전소설
(Entwicklungsroman)로 불리기도 한다.

핵심은 교양이란 자기 형성에 있고, 교양인이란 지속적으로
자기 형성적이고 자기 교육적이며 자기변형적인 인간이라는 점
에 있다. 교양인이란, 다시 한번 강조하여 변형적 갱신적 반성적
인간인 것이다.

교양 이념(Bildungsidee)에는 자연히 자발적 의지로 자기를 개선시켜 가는 계몽주의적 이성이 자리하고, 이 이성적 인간은 고대 이래의 휴머니즘적 전통을 계승한다. 이것은 『빌헬름 마이스터의 수업시대』의 창작 시기가 계몽주의 이후부터 시작하여 프랑스 혁명 직후까지 걸쳐있다는 사실에서도 어느 정도 드러난다. 이 무렵은 봉건사회가 무너지고 새로운 근대 사회가 형성되기 시작할 즈음이었다. 말하자면 더 이상 신과 성직자 중심의 종교적 질서가 아니라, 또 왕이나 귀족 중심의 지배 질서가 아니라, 각 개인/시민이 인간의 존엄성을 내세우면서 진리를 이성으로 인식하고, 사회를 합리주의 아래 개선하려는 움직임이 하나의 시대적 조류로 등장하는 것이다.

이에 상응하여 정치나 종교만큼이나 상공업과 무역이 강조되고, 도시 간의 교류가 활발해지면서 문화와 사교의 중심지도 성당이나 궁정이 아니라 대도시로 바뀐다. 그리하여 더 이상 특혜받은 소수의 밀실이 아니라 다수 시민이 참여하는 열린 광장이 삶의 주된 활동 공간으로 변모하는 것이다.

이때부터 예술 작품도, 하이든의 '여흥 음악(Entertainment music)'에서 보듯이, 궁정에 오락을 제공하기보다는 관객과 독자를 계몽하고 – 이것은 『빌헬름 마이스터의 수업시대』에서도 잘 나타난다. 마이스터와 그 주변 인물의 주된 활동은 연극 공연이다 –, 자기 자신을 계몽하고자 한다. 시민생활의 독자적 가치가 찬미되는 것이다. 『빌헬름 마이스터의 수업시대』의 시대적 배경도 이런 사회정치적 문화적 전환기다.

괴테의 이 두 작품 가운데 나는 『빌헬름 마이스터의 수업시대』에 집중하고자 한다. 이 작품은 『안톤 라이저』나 쟝 파울의 『헤르스페루스(Hersperus)』, 켈러의 『녹색의 하인리히』를 지나 토마스 만의 『파우스트 박사』에 이르기까지 저 위대한 교양소설의 기나긴 역사 가운데 그 효시를 이루는 문제작이다. 빼곡한 글씨가 담긴 독일 함부르크 판의 분량도 두 권 합쳐 1200쪽 이나 된다. 그 주제나 문제의식은, 앞서 적었듯이, 속편인 『빌헬름 마이스터의 편력시대』로 이어진다. 게다가 유명한 작품이니만큼, 그것에 대한 해석과 논평은 엄청난 목록을 이룬다. 이 모든 목록을 뒤져서 비교/검토하는 텍스트 비평적 작업을 여기에서 할 수는 없다. 또 반드시 그렇게 해야 하는 것도 아니다.

『빌헬름 마이스터의 수업시대』가 출간된 지 이미 220년의 시간이 지났다. 그렇다는 것은 이 소설이 소설사에서나 교양 이념적 차원에서 아무리 뛰어난 것이라고 해도, 오늘의 관점에서 보면 구태의연하고 답답하게 여겨지는 부분이 적지 않을 수 있음을 뜻한다. 실제로 이야기의 전개 과정이나 묘사 속도 그리고 등장인물의 말과 생각은 많은 부분에서 느슨하고 때로는 지루한 것도 사실이다. 나는 곳곳에서 괴테의 언어가 좀 더 압축되고 더 속도감이 있으면 좋겠다고 여러 번 느꼈다. 이것은 물론 부질없는 바람이다. 오히려 그보다는 200년 전에 쓰인 이 텍스트가 오늘날까지 읽힌다는 사실 자체만으로도 그것은 '놀라운 작품'이라고 말하지 않을 수 없다.

그리하여 나는 기존의 해석에 귀 기울이되 그에 휘둘림 없이, 말하자면 나의 관점에서 적극적으로 해석적 가감(加減)을 시도해보려 한다. 그러면서 이 해석적 실천이 무모한 것이 아니라 그 나름으로 설득력 있어서 '하나의 있을 수 있는 이해의 길'이 되도록 노력할 것이다.

이 글에서 나는 첫째, 『빌헬름 마이스터의 수업시대』가 놓인 사회정치적 맥락을 고려하면서, 둘째, 그에 대한 대표적 해석을 문헌적으로 참조하는 가운데, 셋째, 교양 이념과 관련된 사항들이 작품 안에서 어떤 사건과 어떤 인물의 어떤 행동을 통해 드러나는지, 이때의 경험은 어떻게 이해되는지를 재구성해보고자 한다. 여기에서 논의의 중심은 물론 세 번째에 놓인다. 이렇게 재구성된 내용은 이 글의 전체 제목이 교양과 수신인 만큼 동양에서의 수신(修身) 이념과 어떻게 상통하고 구별되는지를 살펴보는 데로 이어진다. (IV부)

1 줄거리

『빌헬름 마이스터의 수업시대』의 줄거리는 복잡하다. 그러니 그 줄거리를 간단히 스케치해보자.

이 소설의 주인공은 다정다감하고 사려 깊은 청년 빌헬름이다. 부유한 상인인 그의 아버지는 아들 또한 유능한 상인으로 키우려 한다. 하지만 빌헬름은 어린 시절부터 연기와 연극에 대한 관심을 키워왔다. 그 출발은 인형극의 시연(試演)이다. 그는 대본을 되풀이해서 읽고 외우며, 인형을 조종하고 갖가지 무대 장치를 고민하면서 인형극 공연에 시간 가는 줄을 모른다. 그러면서 이렇게 발휘되는 상상력에 그는 무엇보다 큰 기쁨을 느낀다. 그는 책을 읽다가 재미있으면 모두 연극으로 만들고 싶다는 충동을 느낀다.

청년이 된 빌헬름은 여배우 마리아네(Marianne)와 사랑에 빠진다. 그러던 어느 날 마리아네가 다른 남자(Norberg)와 만나는 것을 보고 낙심한 뒤 거의 도피 삼아 업무 여행을 떠난다. 그러나 이것은 여행의 핑계일 뿐 그의 깊은 마음에 자리하는 것은 여전히 연극에 대한 소명 의식이다. 소설 작품은 이러한 여행에서 그가 여러 인물들과 만나 얘기하고 갖가지 사건을 체험하는 가운데 영육적으로 성장해가는 과정을 그린다.

여기저기 여행하다가 빌헬름은 유랑 극단의 배우 필리네(Philine)와 라에르테스(Laertes)를 만난다. 또 사랑에 빠진 후 생활고 때문에 극단을 떠나려는 배우 멜리나(Melina)도 만난다. 빌헬름의 도움으로 연인과 결혼하게 된 멜리나는 빌헬름이 배우이자무대 감독이 되도록 설득했고, 빌헬름은 이를 받아들인다. 그 후빌헬름은 극단에서 이들과 어울리며 지낸다. 그가 어느 작은 도시에서 유랑 광대의 한 명으로 온 미뇽(Mignon)을 만나는 것은 이무렵이다.

미뇽은 열두 살 먹은 이탈리아 소녀이지만, 자기가 어디에서왔는지 모른다. 이 아이 옆에는 언제나 눈먼 하프 연주자인 노인이 있다. 미뇽에게 연민을 느낀 빌헬름은 보호자가 되어 그녀를돌본다.

그 후 빌헬름의 연극적 재능은 여러 사람들로부터 칭찬받는다. 그러던 어느 날 도적 떼의 습격으로 그는 상처를 입게 되고,마침 이곳을 지나가던 한 귀부인의 도움으로 위기에서 벗어난다. 몸이 회복된 후 그는 옛 친구이자 연극단장인 제를로(Serlo)를찾아가 다시 활동한다. 빌헬름은 제를로의 여동생인 배우 아우렐리에(Aurelie)에게 사랑을 느낀다. 아우렐리에 역시 빌헬름이 그러하듯이 연극에 대한 깊은 열정과 소명 의식을 갖고 있다. 그녀

옆에는 세 살 먹은 아이 펠릭스(Felix)가 있다.

아버지의 죽음 후 빌헬름은 제를로의 간청으로 정식 단원이 된다. 그 후 오래 전부터 꿈꾸어오던 『햄릿』 공연을 준비한다. 마침내 공연은 성공을 거두었지만, 아우렐리에는 쓰러지고 만다. 그녀는 귀족 로타리오(Lothario)를 사랑했지만, 그의 배신 때문에 절망하여 죽은 것이다. 빌헬름은 펠릭스가 아우렐리에와 로타리오의 아들이 아니라 자신과 옛 애인인 마리아네 사이에서 난 아들임을 뒤늦게 알게 된다. 마리아네는 노어베르크와 몇 번 만났으나 빌헬름을 그리워하다가 가난 속에서 죽어간 것이다.

이런 갖가지 사건들과 그 체험은 여러 가지로 빌헬름을 변화시킨다. 마리아네의 죽음 이후 빌헬름은 생활력이 강한 테레제(Therese)를 만난다. 그는 테레제와 결혼하리라 마음먹는다. 그는 이제 연극 세계를 떠나 실제 세계에서 펠릭스를 키우며 살겠다고 다짐한다. 하지만 그가 이전에 강도 습격을 당했을 때 자신을 구해준 귀부인이 바로 로타리오의 여동생 나탈리에(Nathalie)임을 알게 된 후, 그는 테레제를 떠난다. 결국 그는 나탈리에와 결혼한다. 빌헬름에게 애틋한 마음을 품고 있던 미뇽은 그 후 앓다가 죽는다.

나중에 밝혀진 바에 따르면, 미뇽은 하프 켜는 노인의 딸이었고, 이 연주자는 자신의 배다른 여동생과 사랑에 빠져 미뇽을 낳게 됐다. 그 후 여동생은 미쳐서 죽고, 하프 노인은 펠릭스를 자기가 독을 먹여 죽였다고 착각하고 자살하고 만다. 그 후 키플리아니 후작은 이 노인이 자신의 사라진 친형이고, 미뇽은 따라서 자기 조카임을 깨닫는다. 그래서 미뇽에게 남길 유산인 마지오레 호수 부근의 땅을 남긴다.

이런 복잡한 줄거리 가운데 핵심 사항은 두 가지 – 제6권에 나오는 「아름다운 영혼의 고백」과 '탑의 결사' 이야기다. 「아름다운 영혼의 고백」에서의 중심이 미뇽이라면, '탑의 결사'는 빌헬름 같은 재능 있는 청년들의 내외적 연마에 관계한다. 어떤 것이든 이 모두는 괴테적 기획 – '우연과 필연, 혹은 자유와 책임 사이에서 흔들리는 삶에서 사람이 어떻게 자신을 만들어가면서 가치와 행동의 믿을 만한 근거를 마련할 수 있는가'라는 문제로 수렴된다.

2 생활의 필요와 이상

세상은 고맙지 않다(Die Welt ist undankbar).

_ 괴테, 『빌헬름 마이스터의 수업시대』, 66쪽

『빌헬름 마이스터의 수업시대』는 그 첫 장면부터 인상적이다. 노어베르크라는 남자가 마리아네에게 잠옷으로 쓰라고 모슬린 (Musselin)을 보내주었는데, 마리아네의 답변이 흥미롭다. "노어베 르크가 돌아오면, 나는 다시 그의 것이에요… 하지만 그때까지 는 내 식대로 살 거예요." "오늘밤 손님이 오기로 되어 있어요."

이런 그녀에게 시종인 할멈(Barbara)은 이렇게 말한다. "그는 젊 고 약하며 별 볼일 없는 상인의 아들 아니에요?" 『빌헬름 마이스 터의 수업시대』의 주인공 빌헬름은 "젊고 약하며 별 볼일 없는 상인의 아들"이다.[11]

---

11 Johann Wolfgang von Goethe, *Wilhelm Meisters Lehrjahre*, Goethes Werke, Hamburger Ausgabe in 14 Bde, Bd. VII, hrsg. v. Erich Trunz, 11 Aufl. München 1982, S. 10.; 요한 볼프강 폰 괴테(곽복록 역), 『빌헬름 마이스터의 수업시대』 / 『빌헬름 마이스터의 편력시대』, 동서문화사 2014년. 번역은 필자 가 부분적으로 고쳤다.

1) 연극적 사명

그런데 마리안네 몸종의 이런 견해를 빌헬름의 아버지나 어머니도 가지고 있다. 특히 그의 아버지는 빌헬름이 극장에 가는 것을 금지시킨다. 그런 즐거움에 대한 열정은 집안의 평화를 깰 뿐만 아니라 아무런 쓸모가 없기 때문이다. 연극 놀음은 아버지가 보기엔 그저 시간 죽이기에 불과하다. 아버지의 이 같은 견해에 대해 빌헬름은 다음과 같이 항변한다.

"하지만 어머니! 대체 우리 호주머니에 돈이 들어오지 않는다면, 그 모든 것이 쓸모없나요? 이전에 살던 집은 충분히 넓지 않았나요? 그런데도 새 집을 지을 필요가 있었나요? 아버지는 해마다 장사 수입의 상당액을 방 장식에 쓰시잖아요? 이 비단 카펫도, 이 영국산 가구도 쓸모없는 것 아닌가요? 우리는 좀 더 적은 것에 만족할 수 없을까요? 제게는 이 줄무늬 벽지나 100번도 더 바뀐 꽃이나 지팡이, 가구 그리고 인형도 그리 편한 인상을 안 줍니다. 그것은 기껏해야 우리 극장의 커튼 같은 걸요. 하지만 극장의 커튼 앞에 앉아 있는 건 얼마나 다르다구요. 그 앞에서 오래 기다리면, 그 커튼은 올라간다는 걸 알고 있기 때문이에요. 그렇게 되면 우리를 즐겁게 해주고 깨우쳐주며 고양시켜주는 참으로 다양한 대상들을 보게 되지요."[12]

빌헬름의 아버지가 강조하는 것은 부르주아적 삶의 안락함이
고, 연극에 매달리는 빌헬름의 열정이 쓸모없다는 사실이다. 그
러나 빌헬름이 보기에 아버지의 삶이야말로 유용성의 이름 아래
낭비를 일삼는 것이다. 그는 충분한 공간을 가진 집도 새로 짓
고, 멀쩡한 벽장식이나 가구도 새로 장식하는데 돈을 쓰기 때문
이다. 그래서 빌헬름은 항의한다. "우리는 좀 더 적은 것에 만족
할 수 없을까요?"

빌헬름이 관심갖는 연극은 아버지가 경고하듯이 쓸모없이 시
간 낭비만 하는 것이 아니라, '다르게 존재하는 것'이다. 연극은
"우리를 즐겁게 해주고 깨우쳐주며 고양시켜주는" 것이기 때문
이다. 바로 이것 - 즐거움과 깨우침 그리고 고양은 예술의 참된
의미다. 빌헬름이 헌신하고자 하는 것은 연극의 이 참된 의미다.

그리하여 연극에 대한 빌헬름의 열정은 첫 사랑 마리안네에
대한 연정과 결합하여 그를 움직이는 가장 중요한 에너지가 된
다. 그는 아버지의 금지와 어머니의 만류에도 불구하고 더 적극
적으로 연극, 특히 인형극에 몰두한다. 골리앗과 다윗 대본을 들

---

12 Ebd., S. 11f.

고 다락방으로 올라가서 하루 종일 그 대본을 읽고 외우면서 인형들을 조종하며, 마치 이 인형이 살아있는 것처럼 생명을 부여하면서, 스스로 다윗이나 골리앗이 된 것처럼 행동한다. 그러면서 각각의 인형이 어떤 역할을 하고, 이 인형을 조종하는 것은 누구이며, 조명은 어디서 나오고, 배우나 관객은 어떤 일을 하는지 고민한다. 말하자면 연극적 상상력 속에서 자신의 어투나 몸가짐만 변하는 것이 아니라 하나의 소유주를 만들고, 나아가 이 연극놀이로부터 삶의 어떤 전체상을 유추해내는 것이다. 그가 골몰하는 것은 "한 나라와 세계의 형성(교육)에 미치는 연극의 영향"이라는 문제다.[13]

빌헬름의 이런 연극적 관심이 여러 다른 예술 장르, 이를테면 오페라 등으로 확대되는 것은 자연스럽다. 그는 연극에 골몰하면서 "마치 새로 태어난 것처럼(wie neu belebt)", 그래서 "어떤 다른 사람이 되기 시작한 것처럼 느낀다". 그래서 "그의 마음은 열정 대상을 고귀화하고자(veredeln) 애쓰고, 그 정신은 사랑하는 사람을 자신과 더불어 더 높이 고양시키려고(emporheben) 애쓰는 것이다."[14]

이때 빌헬름의 기쁨이란 대상을 골똘히 생각하면서 뭔가 만

---

13 Ebd., S. 60.

14 Ebd., S. 33.

들어가는 창조의 기쁨이고, 자신의 상상력을 시연(試演)하는 기쁨이다. 요약하면, 그것은, 대상과 더불어 자기를 고귀하게 하고 고양시키는 데 있다. 그래서 새로 태어난 것처럼 느끼고, 어떤 다른 사람으로 변하는 데 있다.

이제 배우나 연출가 그리고 극작가의 역할은 구분하기 어려울 정도로 뒤섞여 나타난다. 빌헬름은 이윽고 자기가 읽는 소설뿐만 아니라 다른 사람들에게서 들은 이야기도 연극 작품으로 만들고자 애쓴다. 놀라운 표현 충동이고, 예술적 변형 의지가 아닐 수 없다. 바로 이 때문에 그는 원래 장사를 하기로 되어 있었지만, 그의 정신은 그가 "천한 장사(niedriges Geschäft)"라고 불렀던 모든 것으로부터 점차 멀어진다.[15] 그러면서 뛰어난 배우로서 "다가올 국민연극의 창시자"가 되기를 갈망한다.[16]

2) 베르너와 빌헬름, 혹은 돈과 꿈

연극에 몰두한 빌헬름에 대조되는 인물이 베르너(Werner)다. 그는 곧 빌헬름의 매형이 될 예정이고, 상인 특유의 꼼꼼하고 신

---

15 Ebd., S. 32.
16 Ebd., S. 35.

중한 사람이다. 그는 날마다 늘어나는 돈을 계산하는 것보다 더 즐거운 일은 없다면서, 빌헬름에게 '넓게 열린 상인 정신'을 권유한다.

> "세계 각처에 있는 자연품이나 인공품을 살펴보고, 그것이 어떻게 필수품으로 되는지 살펴보게! 그래서 그때그때 사람들이 무엇을 가장 찾는지, 또 무엇이 빠져있고, 무엇이 구하기 어려운지 아는 것은, 그래서 사람들이 원하는 모든 것을 손쉽게 빠르게 제공하고 조심스레 마련해서, 이 모든 대단한 유통의 모든 순간을 즐기는 것이 얼마나 기분 좋고 영리한 신중함을 필요로 하는지! 이것은 모든 명석한 인간에게 큰 기쁨을 주는 일이라고 나는 생각하네."[17]

베르너에게는 상업이나 장사만큼 합법적인 돈벌이는 없다. 그에게 연극은 무가치하고 비현실적이다. 그는 '복식부기'야말로 인간 정신의 최고 발명품이라고 말하면서, 위의 인용문에 적혀 있듯이, 생산품의 유통 구조를 잘 살피고 거기서 나올 수익을 고민해보라고 조언한다.

---

17 Ebd., S. 38.

베르너의 이런 가치관은 베르너의 아버지뿐만 아니라 빌헬름의 아버지가 가진 가치관과 비슷하다. 두 친구의 아버지는, 상인이 '가장 고귀한(edelst)'일이며, 투기가 가져올 수 있는 이익이라면 어떤 것도 놓치지 않는다는 점에서, 서로 같다. 그러면서 그들은 집이나 가구는 최신식으로 꾸미고, 고급스런 식사를 하며 비싼 술을 마신다. 빌헬름이 사랑하는 마리안네 역시 빌헬름과의 사랑으로 아기가 생기자, 이 아이가 '아들'이었으면 좋겠지만 돈 없는 빌헬름은 아무것도 해줄 수 없다고 탄식한다.

이런 편재된 상인적 관점에 대해 빌헬름은 답변한다. "그러나 당신들은 수입과 지출에만 신경쓰느라 정작 삶의 고유한 결산에 대해서는 잊어버린다."[18] 그러면서 베르너처럼 다른 사람의 어리석음으로부터 이익을 취하는 것이 아니라, 다른 사람의 어리석음을 치유하는 것이야말로 더 고귀한 일이 아니겠느냐고 응수한다. 그러나 이런 생각은 어쩔 수 없이 떠난 출장 여행에서 여러 가지 변화를 겪는다.

---

[18] Ebd., S. 37.

II 괴테의 『빌헬름 마이스터의 수업시대』   **097**

3) 연극 – "보잘 것 없고 불안정한"

빌헬름은 소개장을 받아서 찾아간 어느 집 주인과 만나지 못한다. 대신 그 집은 온통 난리였다. 그 집 딸이 어느 극단 배우와 사랑에 빠져 도망을 갔기 때문이다. 그런데 그는 우연히 이 두 연인이 끌려가는 것을 목격한다. 이들은 마치 중죄를 지은 것처럼 손목이 사슬에 묶인 채, 관청으로 붙들려간 것이다.

이렇게 끌려온 청년의 이름은 멜리나다. 그는 더 이상 무대로 돌아가지 않겠다고, 시민으로서 일자리를 구하겠다고 말한다. 이런 결정에 대해 빌헬름은, 사람이 가지고 있던 삶의 방식을 바꾸는 건 좋은 일이 아니고, 더군다나 배우만큼 매력적인 전망을 가진 직업이 없다고 말한다. 이에 대한 그의 대꾸가 흥미롭다. "그것은 당신이 그런 일을 한 적이 없어서 그렇습니다." 빌헬름은 다시 설득하려 한다. "사람은 자기가 처해 있는 상태에 만족하기란 얼마나 드문가요! 사람은 언제나 주변 사람을 부러워하면서, 그로부터 역시 벗어나려 하니까요."[19] 하지만 멜리나의 답변은 확고하다.

---

19 Ebd., S. 53.

"하지만 나쁜 것과 더 나쁜 것 사이에는 차이가 있지요. 제가 그렇게 행동하게 된 것은 인내심이 없어서가 아니라 경험 때문입니다. 이 연극 세계에서 빈 빵조각보다 더 궁색하고 불안정하며 더 힘겨운 것이 있을까요? 차라리 집 앞에서 구걸하는 것이 더 나을 겁니다. 동료들의 시샘, 단장의 편애, 관객의 변화무쌍한 변덕도 우리는 견뎌야 합니다! 그럴 바에야 곰 가죽을 뒤집어 쓴 채 원숭이와 개들 무리와 줄에 묶여 끌려다니고 맞고 다니는 게, 그래서 백파이프 소리가 나면 아이들과 상스런 사람들 앞에서 춤추는 게 더 나을 겁니다."[20]

연극 배우로서의 어려운 삶을 토로하는 멜리나의 말은 생생하고 절박하다. 그리고 그 어려움은 합당한 대우를 받지 못하는 배우들에게서 가장 분명하게 나타난다. 하지만 그것은 이 배우에게만 해당되는 게 아니다. 삶의 고충은 사실상 연극 무대 전체를 에워싸고 있다.

『빌헬름 마이스터의 수업시대』의 곳곳에는 배우들의 출연료 문제나 빚 문제, 공제나 주급으로 계산되는 수당의 불공평 문제가 나온다. 예를 들어, 멜리나가 토로하는 또 다른 어려움은 이

---

20 Ebd., S. 53f.

렇다. 단장의 입장에서 보면 공연장에서의 수입과 지출을 맞춰야 하고, 그래서 입장료를 올릴 수밖에 없다. 하지만 그렇게 할 경우 관객은 떠난다. 공연장이 텅 비게 되는 것도 그 때문이다. 그러니 망하지 않으려면 극단은 적자를 각오한 채 근근이라도 버틸 수밖에 없다.

멜리나의 이런 처지 앞에서 빌헬름의 견해는 비현실적으로 보인다. 아마도 『빌헬름 마이스터의 수업시대』에 나오는 가장 유명한 노래의 하나도 바로 이 점 – 생활의 어찌할 바 없는 고충을 털어놓은 것이라고 해야 할 것이다.

"눈물을 흘리며 빵을 먹어본 적이 결코 없는 사람은,

자기 잠자리에서 근심에 찬 밤을

눈물로 지새며 앉아있지 않은 사람은,

결코 그대를, 그대 천상의 힘들을 알지 못 하리!"[21]

이것은 『빌헬름 마이스터의 수업시대』 2부 13장에 나오는, 하프 켜는 노인의 한 노래다. "천상의 힘들"이란 운명의 힘이 될 것이다. 혹은 생활의 간난과 궁핍 속에서도 포기될 수 없는 천상

21 Ebd., S. 136

의 꿈을 말한 지도 모른다. 아니 천상의 꿈은 오직 생활의 "빵"과 "눈물"과 "근심에 찬 밤"을 통해서만 얻어질 수 있는지도 모른다.

> "각자는 모두 살아가고, 각자는 사랑하지만,
> 고독한 그를 그 고통 속에 내버려두네.
> 그렇네! 나를 내 고통 속에 내버려두라!
> 내가 단 한번이라도
> 참으로 고독할 수 있다면,
> 나는 혼자가 아니리."[22]

빌헬름은 노인의 이 노래에 깊은 감동을 받는다. 거기에는 삶의 신산스런 고통 속에서도 그 고통을 수용하는 체념이 담겨 있기 때문이다. 슬픈 체념에는 지혜가 어려 있다. 사람과 사람이 어울릴 수 있는 것은 오직 '깊은 고독' 속에서일지도 모른다.

빌헬름은 노인의 처지에 공감하면서 눈물을 주체하지 못한다. "내가 단 한번이라도/참으로 고독할 수 있다면/나는 혼자가 아니리." 우리는 모두 살아가고 사랑하지만, 고독은 공유하기 어렵다. 아니, 오직 고독 속에서 인간은 삶을 공유한다.

---

22 Ebd., S. 137f.

4) 시대 상황과 '비판적 균형'

　『빌헬름 마이스터의 수업시대』의 앞부분에는 사랑의 도피 행각을 벌인 두 연인에 대한 이야기가 나온다. 그런데 이 두 사람을 대하는 해당 관청이나 주변 사람들의 태도가 흥미롭다. 오늘날의 사정과는 아주 다르기 때문이다.

　이들은 자기 살던 마을에서 도망갔으나 옆 마을에서 '민병대'에 의해 붙잡힌다. 그래서 많은 사람들이 구경하는 가운데, 마치 중죄(重罪)를 지은 죄인처럼, '사슬에 묶여' 법정에 끌려온다. 그리고 치안 판사 앞에서 심문을 받는다. 이때 끌려온 한 청년은 사랑의 간곡함을 호소하면서 정당한 판결을 내려 자기 명예가 회복되길 바란다. 그리고는 "다시는 연기를 하지 않겠다"고, "시민으로서 일자리를 구하겠다"고 말한다. 그러니까 연극 배우로서의 삶을 사는 것과 시민으로서의 삶은 분리되어 인식되는 것이다.

　이 불행한 연인들의 사연에 빌헬름은 공감한다. 사랑의 결단이 사람들 사이에게 굴욕을 받거나, 관청에 의해 수감되는 이유가 될 수 없기 때문이다. 그래서 그는 구경삼아 모여든 많은 사람들과는 달리, 여자의 부모를 설득하여 이 연인들이 결혼할 수 있도록 도와주리라 결심한다. 그래서 이들은 그렇게 결혼에 성공한다. 이런 정황은 좁게는 사랑이나 결혼 혹은 연애와 같은 개인적이고 사적인 사안에 대한 사회적 고려가 없다는 것을 보여준다. 나아가면, 그것은 여성이 불공평하게 대우받고 남성들이 고급문화를 독점하는 동시대 현실의 낙후된 실상을 보여주는 것이기도 하다.[23]

1800년을 전후한 독일 사회는 로타리오의 입을 빌려 괴테가 쓰고 있듯이 "너무도 많은 개념들이 뒤흔들리고 있던 새로운 시대" 속에 있었다.[24] 예를 들어 소유권과 관련하여, 어떤 재산이든 그에 맞는 일정한 부분을 지불해야 비로소 '합법적'이라고 말할 수 있고, 귀족은 농민과 달리 땅에 대한 세금을 내지 않기 때문에 "귀족의 소유권은 농민의 소유권보다 근거가 희박하다"는 논평이 소설에 나온다. 빌헬름의 친구 베르너는 '국가'를 평생 한 번도 생각해보지 못했다고 토로한다.

이 무렵 하나의 독립된 단위로서의 국가나 민족 개념뿐만 아니라, 이에 상응하는 경제적 용어인 '세금'이나 '관세' 혹은 '보호세' 같은 용어들은 막 생기기 시작했다. 독일에서는 당시의 유럽 사회가 대개 그러했듯이 치안과 법률 등 여러 제도가 아직 자

---

23 1800년 무렵을 전후하여 '배운' 여성에 대한 하대(下待), 여성에 대한 학문의 불허, 한낱 희롱거리로서의 여성의 역할은 유럽 전역에 퍼져 있었다. 『빌헬름 마이스터의 수업시대』의 곳곳에도 그런 장면이 나온다. Ebd., S. 452

24 Ebd., S. 507.

리잡지 못했다. 실제로 소설 안에서 도적 떼는 자주 출몰한다. 빌헬름이 극단 사람들과 길을 가다 부상당하는 것도 이들 도적 때문이었다. 지역을 다스리는 우두머리는 있지만, 그 지역과 지역을 묶은 전체를 통합적으로 다스리는 국가나 정부는 취약했던 것이다.

정치 제도적으로나 치안 상으로 불안정했던 이 시대에 연극 공연이 수월치 않았으리라는 것은 자명하다. 따라서 극단의 규모도 대개 작았을 것이고, 여기에 고용된 배우들의 삶은 더 열악했을 것이다. 실제로 빌헬름은 멜리나에게 모든 무대 의상이나 연극 도구를 담보로 돈을 빌려주기도 한다. 그러나 도적 떼의 습격으로 극단이 손실을 입자 빌헬름은 이 채무를 변제해준다.

어떻든 빌헬름에게서 보는 것과 같은 연극적 열정은 그 시대에 매우 드물었다. 그것은 여기저기를 떠도는 극단 배우나 일부 서커스단 사람들에게만 공유될 뿐이었다. 신분이 높은 사람들 – 정치가나 귀족들은 연극을 안락한 삶을 방해하거나 그저 즐기기 위한 오락물로 간주했다. 연극하는 사람들과 상류 계층과의 관계가 모순적이었던 것도 그런 이유에서다. 이를테면 극단 단원들은 자주 귀족 저택으로 불려가 공연한다. 이것은 물론 자신들의 생활을 호전시키기 위해서다. 극단주는 그렇게 하여 빌린 돈을 갚고자 하고, 여배우들은 젊은 장교들에게 잘 보여 후원자를 찾는데 골몰한다. 필리네가 가발 쓴 사람만 보면 벗겨버리고 싶어 손이 근질근질하다고 말하는 것도 이런 모순 감정 때문이었을 것이다.

이러한 모순은 주인공도 예외가 아니다. 빌헬름은 부유하고 지체 높은 귀족의 도움으로 상류 사회로 진출하고자 애쓴다. 그가 사랑한 여러 여인 가운데는 백작 부인도 있었다. 인생과 예술에 대해 더 많은 것을 배우는 일은 '덤으로' 오는 것인지도 모른다. 그는 말한다.

"그들(상류층 사람들: 역자 주)은 태어날 때부터 곧바로 (편안한) 배에 태워져, 우리 모두 건너가야 할 항해에서도 순풍을 이용하고 역풍은 기다릴 수 있지요. 그에 반해 다른 사람들은 홀로 헤엄치면서 지치도록 일하고, 순풍은 이용하지 못한 채 폭풍우 속에서 곧 탈진해 침몰하고 말지요. 태어날 때부터 가진 재산 때문에 그들은 얼마나 편하고 쉬운지! 그리고 튼튼한 자본에 바탕한 장사는 얼마나 안전하게 번창하는지, 그래서 잘못되어도 폐업할 정도는 되지 않지요!"[25]

---

25 Ebd., S. 154.

상류 사회에 대한 빌헬름의 이 말에는 분명 "출신과 신분의 엄청난 틈"에[26] 대한 문제의식이 있다. 그러나 신분적 차이에 대한 이런 시각은 비판적이라기보다는 부러움에 가깝다. 이 부러움은 대체로 그렇다고 해야 할 것이다. 여기에서 '대체로'라는 것은 신분적 차이와 그 특권에 대한 빌헬름의 시각이 무르다는 뜻도 있고, 다른 한편으로는 거기에 비판적 요소가 없지 않다는 뜻에서다.

예를 들어 후작 저택에서 공연을 하던 날, 이 후작에게 잘 보이기 위해 그의 흉상을 월계관으로 꾸미고 여러 문자로 그 이름을 장식하자는 단장의 제안에, 빌헬름은 "이성적 인간이라면 자기 초상화가 세워져 있고, 기름종이에 그 이름이 반짝이는 걸 보고 기뻐하겠어요?"라고 반발한다.[27] 이런 비판적 시각은 빌헬름에게 셰익스피어를 권하는 야르노(Jarno)의 말에서 좀 더 분명하게 나타난다. "이런 원숭이들을 더 인간적으로 꾸미고, 이런 개들에게 춤추는 걸 가르치는데 시간을 허비하는 것은 죄악입니다."[28] 이때 이후 빌헬름은 셰익스피어의 세계에 본격적으로 몰두한다.

---

26 Ebd., S. 177.

27 Ebd., S. 166.

28 Ebd., S. 180.

동시대의 신분이나 계급에 대한, 그리고 좀 더 넓게는 당대 상류 계층에 대한 빌헬름의 입장은 아마도 양가적이라고 말해야 옳을 지도 모른다. 단순히 '좋다' 혹은 '나쁘다'의 양자택일 속에 있는 것이 아니라, 어떤 점에서 동의하고 어떤 점에서는 거절하는 것이다.

그리하여 빌헬름은 상인 아들로서 부르주아 출신이지만 상류 귀족 사회를 갈망한다. 그리고 이 상류 계층의 품위와 우아를 부러워한다. 그러나 그렇다고 그가 이들의 나태와 속물성을 모르는 것은 아니다. 그는 시민 계층의 부지런함과 현실주의를 긍정하지만, 이들의 변덕과 무분별도 직시한다.[29] 그러니까 빌헬름의 시선은 괴테가 그러하듯이 삶의 '전체'로 열려있다. 이 점에서 그것은 빌헬름이 영혼을 다해 감동했던 셰익스피어의 관점과 유사한지도 모른다. 빌헬름은 그렇게 해석하는데, 셰익스피어는 삶의 모든 수수께끼를 열어보여 주면서도 "이것 아니면 저것이

---

29 빌헬름은 이렇게 말한다. "출생과 신분 그리고 재산은 천재성이나 취미와 결코 모순되지 않습니다. 이것은 최고의 두뇌 가운데 상당한 귀족이 있는 외국의 경우가 잘 보여줍니다··· 제가 아주 잘못 본 게 아니라면, 나라의 상류층은 그들의 이점을 살려 미래에 가장 아름다운 뮤즈의 화관을 얻고자 애씁니다. 그에 반해 시민들은 뮤즈를 평가할 줄 아는 귀족들을 종종 비웃을 뿐만 아니라, 그들 동료들이 나아가는 것을 막습니다. 그 길에는 명예와 만족이 있는 데도 말입니다." Ebd., S. 183.

해결의 언어다"고 말하지 않기 때문이다.[30]

빌헬름은 이 전체적 균형 감각 속에서 인간과 사회를 진단한다. 그러나 다시 한번 더 강조하건대, '전체적'이고 '균형적'이라고 하여, 그의 관점이 대립되는 양자 사이에 어중간한 것으로 보면 곤란해 보인다. 이 균형적 관점도 사안에 따라 – 이것은 뒤에 다루게 될 '자발적 봉사의 자유' 항목에 나오는, 귀족에 대한 빌헬름의 입장에서 잘 드러난다 –, 계속 나아가고, 따라서 더 구체화되기 때문이다. 관점의 계속적 전진, 이 전진을 통한 구체성의 증가는 그 자체로 교양교육의 과정이기도 하다. 빌헬름의 관점이 비판적이라면, 그것은 느슨하거나 너그러운 이런 형태 속에서도 대상과의 거리두기가 견지되기 때문이다.

그러므로 빌헬름은 계급적 신분적 차이의 부당성과 권리의 불평등을 '느슨한 비판'이 담긴 균형 감각 아래 지적하면서도 '동시에' 이들의 행복을 우러러보고 그 고귀하고 풍요로운 세계를 배우고자 한다. 그에게 연극은 인간성을 고양시킬 수 있는 교육 매체이기 이전에 상류 사회로 나아가기 위한 교두보이기도 하다. '안전(Sicherheit)'이나 '편리함(Beqeumlichkeit)' 혹은 '우아(Anmut)' 같은 것은 그가 찾아간 귀족들에게서, 남작이건 후작이

---

30 Ebd., S. 192.

나 백작이건, 배우고자 하는 가치들이다. 이것은 전통적 가치들이 어떤 합리적이고 비판적인 객관성의 기준 아래 근대적으로 분화되지 않은 데서 나온다.

당시 귀족들은 가발을 썼고 그 머리에 분가루를 뿌렸다. 또 학식있거나 교육받은 여자들은 자주 비웃음을 받거나 인기가 좋지 않았다. 그렇다는 것은 1800년을 전후로 일어난 계몽주의적 이성의 기획이 생활의 구체 안으로 뿌리내리지 못했다는 것을 뜻한다.

3 괴테적 교양 세계

1) "내적 소명"–"전체"–"불꽃"

앞서 언급했듯이 멜리나는 빌헬름이 정말 도와주고 싶다면, 자기 애인의 부모님과 상의하여 "서기(書記)"나 "세금징수원" 일을 맡게 해달라고 간청한다. 이전이나 지금이나 오래 가는 직업은 장부 정리나 세금징수와 관련된다. 서기와 회계원이 연극배우보다 훨씬 중요한 것이다. 하지만 빌헬름도 물러나지 않는다. 그는 이렇게 항변한다.

"불쌍한 멜리나, 가련한 것은 배우라는 당신 직업에 있는 게 아니라 당신 속에 있어요! 그 가련한 것에 대해 당신은 주인이 되지 못하는군요. 세상의 어떤 사람이라도, 수공업이긴 예술이건 어떤 삶의 방식이라도 내적 부름이 없다면, 당신처럼 자신의 상태를 견뎌내지 못하지 않겠습니까? 자신에게 맞는 재능을 가지고 태어난 사람이라면 그 재능으로 자신의 아름다운 현존을 발견하겠죠! 세상에 힘들지 않는 것은 없습니다. 오직 내적 활력과 즐거움 그리고 사랑이 장애를 뛰어넘게 도와줍니다… 당신에게는 무대가 그저 무대에 지나지 않고, 그 역할이 학교 아이들 일처럼 보였겠지요. 당신은 관객도 어설프게 일하면서 모여든 사람쯤으로 보고 있어요. 그러니 당신에게는 책상 뒤에서 줄 그으진 노트에 이자를 기입하고 잔금을 계산하는 일이 똑같이 여겨질 수 있습니다. 하지만 당신은 그 모든 것을 같이 타오르고 만나는 전체로 느끼지 못하고 있어요. 이 전체는 오직 정신에 의해 고안되고 파악되며 실행되는 것이지요. 인간의 내면에는 더 나은 불꽃이 살아 있다는 것, 그 불꽃이 자극받아 피워지지 못한다면 나날의 필요와 무관심의 재 때문에 더 깊게 파묻혀 버리지만, 그렇다고 그렇게 뒤에라도 결코 없어지지 않는 불꽃을 당신은 느끼지 못하고 있어요. 당신은 영혼 속에 그 불꽃을 불러일으킬 어떤 힘을, 그래서 자기 마음 속에서 그 불꽃을 깨워낼 양분을 줄 수 있는 풍요로움을 느끼지 못하고 있습니다. 굶주림 때문에 시달리고, 그 불편함이 싫다고 당신은 말합니다. 그러나 모든 직업에는 적(敵)들이 숨어있고, 이 적들은 오직 즐거움과 평상심으로 극복될 수 있다는 것을 당신은 모르고 있습니다."[31]

위에서 드러나듯이 빌헬름 역시 연극의 어려움, 그리고 배우로서 살아가기 어려운 현실의 실상을 알고 있다. 멜리나처럼 생생한 체험으로서 아는 것은 아니지만, 그럼에도 그의 이해에는 그 나름의 설득력이 있다. "세상에 힘들지 않는 것은 없습니다."

빌헬름이 강조하는 것은 한 마디로 "내적 소명(innern Beruf)"이다. 독일어 Beruf란 '소명'이고, '부름'이다. 이 부름에서 '직업'이라는 뜻도 나온다. (영어의 calling의 뜻도 마찬가지다) 말하자면 각 사람에게는 태어나면서부터 타고난 재능이 있고, 그 재능이 타고난 것이라면 그것은 하늘이 '불러서' 준 것이나 다름없기 때문이다. 그리하여 그는 이 타고난 재능에 최선을 다한다. 그는 내적

---

31 Ebd., S. 54f.

소명 의식 아래 세상의 어려운 것을 넘어설 수 있다. 모든 "가련한 것에 대해 그는 주인이 될" 수 있는 것이다.

(첫째) 이 내적 소명 의식으로 "전체"를 느끼는 것이 중요하다. (둘째) 전체를 구성하는 각각의 요소는 "서로 불타오르고, 서로 만난다." 그러나 가장 중요한 것은 전체에 대한 예감으로서, 인간의 내면에는 더 나은 불꽃이 살아있다는 것, 그 불꽃이 자극받아 피워지지 못한다면 일상의 필요와 무관심의 재 때문에 더 깊게 파묻혀 버리지만 그럼에도 뒤에까지 남아 결코 없어지지 않는 불꽃을 느끼는 일이다.

결국 남는 것은 "내적 소명 의식"이고, 이 소명 의식 아래 각자가 피워내야 할 "내면의 불꽃"이며, 이 불꽃으로서 감지하게 될 전체성의 풍요로움이다. 이것만이 "나날의 필요와 무관심의 재"를 이겨낼 수 있기 때문이다. 매일매일 생계의 긴박성 아래 추구하는 것은 필요하지만, 그러나 생계적 필요의 수급에만 관심이 머문다면 삶은 '있어도 좋고 없어도 되는' 무엇이 될 것이다. 그래서 결국 재로 남는다. 연극 예술에 대한 그의 관심은 그때부터 생겨났을 것이다.[32]

---

32 빌헬름이 태어나 처음으로 슬픔을 느낀 것은 그의 할아버지가 아끼던 미술품이 '짐짝 취급을 받았을 때'였다. 할아버지의 죽음 이후 그의 아버지는 그 미술품을 팔아 큰 부자가 되었지만, 빌헬름은 그 공허함을 견디지 못한다. Ebd., S. 69.

만약 소명 의식이 있다면, 또 내면의 불꽃과 이 불꽃을 불러일으킬 의지가 있다면, 우리는 현실의 어려움뿐만 아니라 그 근본적 공허를 이겨낼 수 있을 지도 모른다. "세상의 어떤 사람이라도, 수공업이건 예술이건 어떤 삶의 방식이라도, 내적 소명이 없이는 당신처럼 자신의 상태를 견디지 못하지 않겠습니까?"그러므로 소명 의식이나 영혼의 불꽃이 "줄그어진 노트에 이자를 기입하고 잔금을 계산하는 일"과 같을 수 없다. 모든 직업에는 적들이 있기 때문이다. 이 소명 의식에 따라 빌헬름은 "자신의 이성을 드넓고 보편적인 것을 향해 교육시켜"[33] 가기 시작한다. 그러나 그의 이런 소명 의식도 위기를 맞는다.

빌헬름은, 앞서 적었듯이, 어느 날 사랑하던 마리안네의 집을 찾아갔지만, 그 집에서 한 남자가 나오는 듯한 것을 보았고 - 이것은 분명치 않은 채로 묘사된다 -, 그 후 마리안네와의 사랑을 의심하면서 극심한 고통에 시달린다. 배우로서 자신이 가졌던 재능이나, 연극에 대한 관심 그리고 시작(詩作)과 예술의 꿈을 비판하게 된 것은 이 무렵이다. 그는 그동안 모아온 습작품들을 불태운다. 이를 안타까워하는 친구에게 그는 말한다.

---

33 Ebd., S. 539.

"어떤 시가 뛰어나지 않다면 결코 존재해선 안 되네. 최선의 것을 만들어낼 재능이 없는 사람이라면, 예술을 가까이 해선 안 되며, 예술에 대한 모든 유혹 앞에서 조심해야 한다네. 물론 모든 사람에게는 그가 보는 것을 따라해보고 싶은 막연한 갈망이 일어나지. 그러나 이런 갈망이 있다고 해서, 그렇게 시도하는 것을 이룰 수 있는 힘이 우리 속에 있다는 사실이 증명되는 건 결코 아니네… 어떤 거장의 연주를 들으면, 곧바로 그와 같은 악기를 배우기 시작하는 사람들이 늘 몇몇 발견되지. 얼마나 많은 사람들이 이 길에서 여기저기 길 잃고 다니는지! 그런 힘에 대한 자기의 갈망이 지닌 잘못된 결론을 곧바로 인식하는 사람은 행복하다네."[34]

빌헬름의 자기 진단은 냉정하다. 그것은 과장이 없고 지극히 현실적이다. 이것은 물론 첫 사랑의 상처에서 나온 것이다. 사랑의 고통으로 인한 현실인식과 더불어 그는 한편으로 시적 열정과 점차 거리를 두고, 다른 한편으로 사업상의 일에 더 몰두한다. 그가 거래처 사람들을 만나기 위해 여행을 떠나고, 외국어로 사무 편지 쓰는 것을 배우는 것도 이 무렵이다.

그러나 상업에 대한 빌헬름의 관심은 작품 전체로 보면 오래

---

34 Ebd., S. 81f.

가지 않는다. 연극에 대한 관심이 완전히 사라지지 않기 때문이다. (마찬가지로 첫 사랑의 실연 후 그의 감정은 마리안네로부터 필리네와 아우렐리에 그리고 테레제를 거쳐 마지막으로 나탈리에에게로 옮아간다) 업무 차 떠난 여행에서 그는 이런저런 고객과 채무자를 만나고, 아버지와 베르너에게 위임받은 사항을 처리한다. 그러면서도 그가 간 도시나 작은 마을에서 여러 극단이나 서커스단을 만난다. 그래서 때로는 어떤 연기에 조언하고, 때로는 공연에 참석한다.

그러나 빌헬름가 말을 타고 산과 계곡을 지나면서 가장 즐기는 일은 시를 읊는 일이다. 시대가 바뀌었다고 하나, 그래서 시인 역시 생계를 걱정해야 하지만, 베르너와는 달리 이 생계를 위해 현실로 '내려와야(heruntersteigen)' 한다고 그는 생각지 않는다. 영웅이 시인의 노래에 귀 기울이고, 정복자 역시 시인을 우대하던 시절은 떠났지만, 그럼에도 삶의 소망과 기쁨을 노래하는 것은 또 훌륭하고 존경해야 마땅한 것을 전해주는 것은 시인의 몫이라고 그는 믿는다. 심지어 신 혹은 신적인 것들을 지금 여기로 불러들이는 것도 시인이라고 그는 생각한다.[35]

---

35 시와 시인에 대한 괴테의 이런 생각은 고전적이다. 그것은 양가적으로 파악될 수 있다. 가령 그가 "시인은 완전히 스스로, 완전히 자신이 사랑하는 대상 속에 살아야 한다"고 말하거나, 시인이란 "교사이자 예언자, 신과 인간의 친구"라고 적을 때(Ebd., S. 82, 83), 그것은 이해할 만하면서도 전적으로 동의하기는 어렵다. 시인은 자신이 사랑하는 대상에 몰두하면서도 몰두만큼의 거리두기 –

2) '자발적 봉사의 자유'

빌헬름은 야르노의 소개로 셰익스피어를 알게 된 후, 그 작품에 더 몰입하게 된다. 그것은 전혀 새로운 세계를 열어준다. 그는 어린 시절 이래 갖고 있던 알 수 없는 예감들 – 인간과 그 삶 그리고 그 운명에 대해 너무나 많은 비밀을 알게 된 듯한 느낌을 갖는다. 그래서 셰익스피어는 그의 벗이자 스승으로 여겨진다.

ㄱ. 주인과 노예의 변증법

어느 날 빌헬름은 극단 배우들이 후원자인 귀족들을 조롱하는 즉흥 연극을 선보이자 어떤 논쟁에 휩쓸린다. 귀족들은 배우들에게 은인이기도 했지만, 그런 후원이 늘 따뜻한 것은 아니었고, 정당한 대우는 더더욱 아니었다. 멸시와 냉대가 늘 동반했기 때문이다. 배우들의 조롱과 비웃음은 그렇게 해서 나온다. 여기에 대해 빌헬름은 귀족의 장단점에 대해, 그리고 배우를 포함한 시민 계층의 장점과 그 자부심에 대해 말한다.

차가운 비판 정신을 필요로 하기 때문이다. 또 시인을 "인간의 친구"라고 할 수 있을지 모르나, "신들의 친구", 나아가 "예언자"라고 부르는 것은, 적어도 오늘날의 관점에서는, 쉽게 납득하기 어렵다. 그러나 다른 한편으로 시적 소명에 그런 예언적 초세속적 형이상학적 차원이 전혀 없는 것은 아닐 것이다.

"여러분의 말에서 시기나 이기심이 나타나지 않기를, 그래서 당신들이 그들의 신분과 처지를 올바른 관점에서 고찰해주길 바랍니다… 젊을 때부터 물려받은 재산으로 풍족함에 둘러싸인 사람들은 대개 이 재산을 최고라고 여기는데 익숙하고, 자연으로부터 멋지게 받은 인간성의 가치를 잘 알지 못해요. 신분 낮은 사람에 대한 신분 높은 사람의 행동도 그렇고, 서로 간에도 외양에 따라 판단됩니다. 그들은 모든 사람의 칭호나 서열, 옷차림이나 마차는 인정하지만, 그들이 세운 공적은 인정하지 않습니다… 하지만 그들을 나무라지 마세요. 오히려 안타까운 사람들이지요. 우리가 최고 행복이라 여기는 것 – 자연의 내적 풍요로움에서 흘러나오는 행복에 대한 높은 감성을 가진 사람은 그들 가운데 드무니까요. 우리 가난한 자들은 거의 혹은 아무것도 가진 게 없지만, 우정의 행복을 풍부하게 누릴 수 있지요. 우리는 우리의 연인을 은총으로 드높일 수도 없고, 호의로 장려할 수도 없으며, 선물을 주어 기쁘게 할 수도 없습니다. 우리는 우리 자신 외에 아무 것도 갖고 있지 않습니다. 이 온전한 자기 자신을 우리는 다 바쳐야합니다… 충실 덕분에 우리는 얼마나 축복스런 상태로 옮아갑니까! 그것은 덧없는 인간 삶에 천상적 확실성을 줍니다. 그것은 우리가 지닌 풍요로움의 주된 자산입니다."

"(귀족들에 비해) 우리에게 오는 것은 적고, 모든 것은 더 힘듭니다.

그러니 우리가 획득하고 행한 것에 더 큰 가치를 두는 건 당연하지요. 주인을 위해 자신을 희생하는 충실한 하인은 얼마나 감동적인 예입니까! 셰익스피어는 그것을 너무도 멋지게 묘사했어요! 이 경우 충실은 위대한 사람과 동등해지기 위한 하나의 고귀한 영혼의 노력입니다. 주인은 평소에 하인을 그저 돈 주고 부리는 노예로 생각하지만, 하인은 끊임없는 충실과 사랑으로 주인과 동등해집니다."[36]

첫 인용문에서 빌헬름이 강조하는 가치는 줄이면 두 가지다. 첫째, 그것은 "최고의 행복"이라는 것 – "자연의 내적 풍요로움에서 흘러나오는 행복에 대한 높은 감성"이다. 귀족들은 인간성의 이 자연스런 가치를 가지지 않았거나 드물게 가졌을 뿐이다. 둘째, 그것은 "충실(Treue)"이다.

충실은 왜 필요한가? 그에 대한 설명은 두 번째 인용문에 나온다. 그 이유는 충실이 "한 위대한 사람과 동등해지기 위한 하나의 고귀한 영혼의 노력"이기 때문이다. "주인은 평소에 하인을 그저 돈 주고 부리는 노예로 생각하지만, 하인은 끊임없는 충실과 사랑으로 주인과 동등해집니다." 이 대목은 헤겔의 이른바

---

36 Ebd., S. 211ff.

'주인과 노예의 변증법'을 떠올리게 한다. 아마도 헤겔이 『정신현상학』에서 저 유명한 '주인과 노예의 변증법'을 말한 것은 괴테의 바로 이 대목을 읽고 생각한 것인지도 모른다. 이것은 중요하기 때문에 좀 더 상세히 고찰될 필요가 있다.

주인과 노예의 변증법에는 세 가지 사항이 들어있다. 첫째, 신분의 차이가 보여주는 대립적 국면이다. 여기에는 주인과 노예, 지배자와 피지배자의 대립이 있다. 둘째, 이 대립을 해소하는 쪽은 '낮은 자', 즉 노예이다. 노예는 노력을 통해 스스로 주인을 닮아가려 한다. 셋째, 이때의 노력 방식은 희생이다. 더 정확히 '자발적 희생'이고 '헌신'이다. 충실은 이 헌신의 자발적 방식을 표현한다. 그리하여 충실이라는 덕목은 "덧없는 인간 삶에 천상적 확실성을 주는" 것이다.

우리는 삶에 대한 충실로 하여 "축복스런 상태로 옮아갈" 수 있다. 괴테는 자발적 헌신을 통해 보다 높은 자와 동등해지는 노력을, 이렇게 노력하는 사람을 "고귀한 영혼(edle Seele)"이라고 표현했다. 고귀한 영혼의 충실을 이끄는 것은 "끊임없는 충실과 사랑(fortdauernde Anhänglichkeit und Liebe)"이다. 참으로 고귀한 것은 억압을 통한 지배가 아니라 헌신을 통한 지배이다. 이때의 지배는 봉사와 다르지 않기 때문이다. 그리하여 자발적 봉사 혹은 헌신은 '사랑'의 다른 이름이 된다.

오직 자발적으로 봉사하고 헌신하는 자야말로 고귀한 영혼일 수 있다. 스스로 봉사하고 헌신하는 자야말로 참으로 사랑할 수 있다. 앞서 나는 빌헬름의 '균형감각'에 대해 쓴 바 있지만, 그가 귀족이 누리는 신분상의 혜택이나 물질적 풍요를 지적하면서도 이런 지적에 "질투나 이기심"이 깃드는 것을 경계하고, 그들의 "인품이나 처지를 올바른 관점에서 고찰하기를" 다른 동료에게 부탁하는 것도 고귀한 사랑의 이런 마음 덕분일 것이다.

ㄴ. 고귀함과 기품

그러나 이런 설명에도 불구하고 고귀함과 기품은 사실 삶에서 쉽게 체현하기 어렵다. 좋은 덕성은 유보와 조건를 전제하지 않는다면, 쉽게 거짓이 된다. 여기에 대해 연극단장 제를로는 이렇게 말한다.

"기품 있는 예의는 흉내내기 어렵습니다. 그것은 본래 소극적 (negativ)이어서 오랫동안의 연습을 전제하기 때문이지요. 사람은 품위를 보여주는 행동 속에서 뭔가를 보여줘선 안 됩니다. 그럴 경우, 사람은 쉽게 형식적이고 오만한 존재가 됩니다. 오히려 사람은 품위 없거나 상스러운 모든 것을 피해야 합니다. 자신을 결코 잊지 않고, 자기 자신과 다른 사람에게 늘 주의해야 합니다.

자신의 어떤 것도 눈감아선 안 되고, 다른 사람에 대해서는 지나
치게 많게, 또 지나치게 적게도 행해선 안 됩니다. 어떤 것에 대
해서도 감동한 것처럼 보이거나, 어떤 일에도 흔들리지 않아야
합니다. 결코 서둘러선 안 되며, 어떤 순간에도 마음을 가라앉힐
줄 알아서 마음 속으로는 아무리 요동쳐도 외적 균형을 유지해야
합니다. 고상한 인간은 어떤 순간에 자신을 등한시할 수 있지만,
기품 있는 인간은 결코 그렇지 않습니다."[37]

이것은 기품 있는 예의(vornehme Anstand)에 대한 제를로의 언급
이지만, 사실 여기에서 말하는 'vornehme'나 'Anstand'의 의미는
다소 복잡하다.[38] 이 복잡한 함의를 줄이면, 이렇다. 기품 있고
예의바른 행동은 원래 '귀족적' 덕성으로 간주되었지만, 사람이
"오랫동안의 연습을" 통해 체화할 수 있는 것이기도 하다.

---

37 Ebd., S. 352f.

38 독일어 'vornehme'는 '고귀한', '품위 있는' 혹은 '기품 있는'을 뜻한다.
Anstand는 '단정하고 예의바른 태도'를 뜻한다. 그 점에서 두 단어는 모
두 귀족적 덕성을 지칭한다고 할 수 있다. 그러나 괴테는 위 인용문의 끝에
서 고상한 인간(edle Mensch)과 기품 있는(vornehme Mensch)을 구분한다. 'edle'나
'vornehme' 둘 다 귀족적 품성이긴 하지만, 적어도 괴테적 맥락에서 edle는 부
정적인 반면에 vornehme는 긍정적인 뜻으로 쓰이고 있다. 그래서 필자는 앞의
단어를 '고상한'으로, 뒤의 단어를 '기품 있는'으로 번역했다.

① 실천 방법1: 소극적 대응

기품 있는 행동의 체화에 오랜 연습이 전제되는 것은 말할 것도 없이 그 실천이 어렵기 때문이다. 기품있는 행동은 어떤 가치나 이념의 준수를 통해 이뤄지는 게 아니다. 그것은 몇 가지 구체적인 사례를 통해, 이 사례의 반복적 연마 아래 이뤄진다.

인간은 어떻게 품위 있게 행동할 수 있는가? 그 실행의 생생한 사례를 제를로는 들고 있다. 그는 그 행동이 '소극적(negativ)' 혹은 '부정적으로' 이뤄져야 한다고 지적한다. 즉 "사람은 품위 없거나 상스러운 모든 것을 피해야 합니다." 여기에는 몇 가지 원칙이 있다. 이 원칙들은 나중에 다룰 유교적 수신의 원칙을 염두에 두면서 차례대로 살펴보자.

첫째, "자신을 결코 잊지 않아야 하고, 자기와 다른 사람에게 늘 주의해야(sich achthaben) 한다." achthaben이라는 것은 '주의(注意)하다' 혹은 '중요시하다'는 뜻이고, 그런 점에서 유학에서의 '경(敬)'과 통한다. '경'은 영어로 흔히 'attention'이나 'mindfulness'로 번역된다. 그만큼 그것은 '주의하고 신경 써서 대한다'는 뜻이다. 그리하여 '주의하다'는 것은 주체의 자의식을, 그 대상이 본인이든, 다른 사람이든 가져야 한다는 뜻이다.

둘째, "자신의 어떤 것도 눈감아선 안 되고 다른 사람에 대해서는 지나치게 많게도, 또 지나치게 적게도 행해선 안 된다." 이것은 자기에게 엄격하고 다른 사람에게 너그룹되, 타인에 대한 이 너그러움은 적절한 수준을 유지해야 함을 뜻한다. 즉 일정한 균형 감각을 유지하라는 말이다.

셋째, "어떤 것에 대해서도 감동한 것처럼 보이거나 어떤 일에도 흔들리지 않아야 합니다. 결코 서둘러선 안 되며, 어떤 순간에도 마음을 가라앉힐 줄 알아서 마음속으로는 아무리 요동쳐도 외적 균형을 유지해야 합니다." 즉, 감정의 평정 상태(ataraxia)를 보여야 한다. 감정적 동요는 '감동'과 같은, 어떤 점에서 긍정적 반응도 그렇게 좋은 것이 아니기 때문이다. 기품 있는 태도는 분노나 격앙의 상태가 아니라 태연하고 침착한 상태 – 평상심(平常心)으로부터 나온다. 평상심이야말로 사람의 고귀함을 이룬다.

위에서 말한 세 덕성 – 첫째, 자신과 타인에 주의하고, 둘째, 균형 감각을 견지하며, 셋째, 감정의 평정을 유지하는 것은 그 자체로 기품있고 고귀한 행동이다. 그 점에서 그것은 '귀족적'이라고 할 수 있다. 그러니까 교양교육의 과정은 귀족이 아니라 부르주아 시민 계층이 전통적으로 귀족적 소유물로서의 이런저런 덕성을 익히는 과정이다. 시대적 사조적 관점에서 보면, 이 시기는 낭만주의 시기와 대체로 일치한다. 이것은 낭만주의에 앞선 계몽주의 시대의 대변자가 대개 귀족 출신이었던 것과 좋은 대조를 이룬다. 이와 관련하여 헤겔은 『미학』에서 이렇게 적었다.

"고유하게 구분짓는 사항은 출생의 차이가 아니라, 보다 고상한 관심사와 확대된 교양, 삶의 목적 그리고 감정의 차이라는 전체 범위이고, 이것들이 신분과 재산과 사교계에서의 지체 높은 여성과 하인을 구분짓는다."[39]

계급이나 신분, 부와 가계로 인한 이런 불평등은 현대에 와서 상당 부분 철폐됐다고 할 수 있다. 혹은 계급이나 신분 그리고 기득권의 차이는 이전만큼 그렇게 결정적이 아니라고 할 수 있다. 그렇다면 현대인에게 중요한 것은 "보다 고상한 관심사와 확대된 교양, 삶의 목적 그리고 감정의 차이"다. 그렇다는 것은 이 관심사와 교양, 삶의 목적과 감정의 차이와 관련된 교육을 받음으로써 우리는 부당함에 항의할 수 있고, 자신의 정당성을 요구할 수 있다는 뜻이 된다. 그러므로 오늘날 교육의 핵심은 어떻게 자신의 관심을 높이고 교양을 확대함으로써 섬세한 감정으로 삶의 목적을 높게 가질 수 있는가에 있다.

지금까지의 논의에서 한 걸음 물러나자. 덕성에 대한 논의는 그 덕성이 품위이건 고귀함이건 예의건 간에 공허하게 느껴지기도 한다. 그것은 '좋은 행동'에 대한 '좋은 말'이기 때문이다. 바로 그런 이유로 그것은 의미 없는 논의가 되기 쉽다.

---

39 G. W. F. Hegel, *Vorlesungen über die Ästhetik I*, Werke in 20 Bde(Bd. 13), Frankfurt/M. 1986, S. 274

덕성은 얼마나 이루기 어려운가? '평정심을 갖는다는 것은 쟁반의 물보다 어렵다(心難持於盤水)'고 퇴계는 썼다. 그리하여 윤리는 로타리오의 말처럼, 소극적으로 실천되는 것이 바람직한지도 모른다. 어쩌면 또 이것은 이사야 벌린(I. Berlin)이 자유를 '소극적 자유'와 '적극적 자유'로 나누고, 이 소극적 자유를 '무엇으로부터의 자유'로 규정한 반면에 적극적 자유는 '무엇을 할 자유'로 정의한 후 이 소극적 자유 – 무엇이 없거나 무엇을 하지 않는 자유를 자유의 좀 더 중요한 측면으로 다루고자 한 것과 상통하지 않나 여겨진다. 윤리적 덕성은 무엇을 하기보다는 '하지 않음으로써' 상대적으로 더 잘 실현되는 덕목에 가깝다고 볼 수 있기 때문이다.

② 실천 방법 2: 특권의 포기

그러므로 삶에서 미덕이 얼마나 소중하고 필요한지는 나날의 생활을 돌아보면 더 생생하게 느껴질 수 있다. 귀족 로타리오는 빌헬름에게 연극 생활을 하며 어떻게 보냈느냐고 묻자, 빌헬름은 다음과 같이 대답한다. 빌헬름이 전하는 것은 연극단원들과의 경험이지만, 그 내용은 사람 일반의 행동적 성격으로 보인다. 다소 길지만 구체적으로 묘사되어 있기에 그대로 인용해 본다.

"연극에 대해 많이 얘기하지만, 그러나 직접 무대에 서지 않고 그에 대해 바르게 생각할 수 없는 일이지요. 이 사람들이 얼마나 자기조차 모르고 있는지, 얼마나 자기 일을 아무런 사려 없이 행하는지, 또 그들의 요구 조건은 얼마나 끝도 없는지, 그들은 아무 개념이 없지요. 그들은 최고가 되려 할 뿐만 아니라, 유일무이한 사람이 되고자 하지요. 그러면서도 모든 다른 것은 기꺼이 배제하려고 하지만, 그들과 같이 거의 아무것도 하지 못함을 알지 못합니다. 스스로는 놀라울 정도로 독창적이라고 여기면서도 구태의연한 것을 벗어난 일에서 자기를 찾지 못합니다. 그래서 뭔가 새로운 것을 찾아 헤매는 가운데 언제나 불안 속에 있지요. 그들은 또 얼마나 거칠게 서로 행동하는지! 그들을 서로 묶어주는 것은 그저 보잘것없는 자부심과 좁은 이기심뿐입니다. 상호간의 행동은 말도 꺼내지 않습니다! 끊이지 않는 불신이 은밀한 악의와 비난 아래 유지됩니다. 단정하게 살면 바보가 되지요. 누구나 무조건적 존경을 바라고, 조금이라도 비난받으면 민감해집니다. 이 모든 것을 그 자신도 잘 압니다! 그런데도 왜 그에 반하는 일을 할까요? 그들은 늘 궁색하게 그리고 아무런 신뢰 없이 살아가고, 이성과 좋은 취미를 아주 두려워하는 것처럼 보이고, 개인적 자의를 마치 제왕처럼 행사하려 하는 것처럼 보입니다."[40]

위의 인용문에서 거론하는 행동의 종류는 많다. 그러나 미덕의 부정적 측면, 그러니까 '해선 안 되는 행동'의 관점에서 중요한 몇 가지를 적어보자.

① "자기 자신조차 모르"지 않는 것
② 자기의 "요구 조건 끝도 없이" 하지 않는 것
③ "최고"나 "유일무이한 사람이 되고자 하지" 않는 것
④ "모든 다른 것은 기꺼이 배제하려 하지" 않는 것
⑤ "구태의연한 것을 벗어난 일에서 자기를 찾"는 것
⑥ 늘 "새로운 것을 찾아 해매는 가운데 불안 속에 있는 것"을 피하는 것
⑦ "보잘것없는 자부심과 좁은 이기심"을 넘어서는 것
⑧ "무조건적 존경을 바라"지도 않고, "조금이라도 비난받아도 민감해지지" 않는 것
⑨ "끊이지 않는 불신"과 "은밀한 악의와 비난"을 삼가는 것
⑩ "개인적 자의를 마치 제왕처럼 행사하려 하지" 않는 것

40 Johann Wolfgang von Goethe, *Wilhelm Meisters Lehrjahre*, a. a. O., S. 433f.

이 10가지 항목을 실천한다면, 우리는 이미 윤리적 실천의 많은 부분을 생활화하는 단계에 들어서 있을 것이다. 이 모든 것은 다시 세 가지로 요약할 수 있다. 그것은 첫째, 자기를 아는 것이고, 둘째, 지나친 자부심 아래 너무 많은 것을 요구하거나 바라지 않는 것이며, 셋째, 불신이나 악의 혹은 비난 같은 부정적(不正的) 언사를 삼가는 것이다. 이 모든 덕성이 구현된 인물은 소설에서 누구일까?

ㄷ. 더 나은 것의 추구 = 고귀함

아마도 이 같은 덕성은 빌헬름이 한때 사랑한 테레제가 지닌 몇몇 원칙에 요약되어 있지 않나 여겨진다. 그것은 "행복 속의 질서, 불행 속에서의 용기, 가장 사소한 것에 대한 배려, 그리고 가장 위대한 것을 잡으면서도 다시 놓아줄 수 있는 영혼"이다.[41] 풀어쓰면 이렇게 될 것이다.

행복 속에서도 질서를 유지하고(질서감각), 불행에도 불구하고 용기를 잃지 않으며(용기의 자세), 가장 작고 사소한 것을 배려하며(세부적인 것에 대한 주의), 그리고 가장 위대한 것을 파악하면서

---

[41] Johann Wolfgang von Goethe, *Wilhelm Meisters Lehrjahre*, a. a. O., S. 467. 이것의 원문은 간결하면서도 함의있게 표현되어 있어서 적어두는 게 좋을 것 같다. "Ordnung im Glück, Mut im Unglück, Sorge für das Geringste und eine Seele, fähig, das Größte zu fassen und wieder fahren zu lassen."

도 다시 놓아줄 수 있는 마음의 태도(체념과 포용의 자세)이다. 테레제의 이런 덕성이 모든 남성들보다 더 뛰어난 것이라고 빌헬름은 평한다. 빌헬름의 이 견해는 테레제가 토로한 내용에서 되풀이된다.

> "내가 걱정하는 것은 오직 내적 불균형이에요. 이를테면 하나의 그릇은 그것이 담고 있는 것과 어울리지 않을 때지요. 지나치게 화려하지만 즐기지는 못하는 것. 풍요로우나 인색한 것, 고상하나 조야한 것, 젊으나 현학적인 것, 필수적이나 허례허식에 찬 것, 이런 불균형은 나를 괴롭히는 것이에요. 세상이 아무리 그것을 인정하고 좋게 평가해도 말이에요."[42]

　교양교육의 과정에서 우리가 주의해야 할 것은 지나치게 화려하지만 즐기지는 못하는 것, 풍요로우나 인색한 것, 고상하나 조야한 것, 젊으나 현학적인 것, 필수적이나 허례허식에 찬 것 등등이다. 그것은 하나의 그릇은 그것이 담고 있는 것과 어울리지 않기 때문이다. 그릇의 형태와 내용이 어울리듯이 사람의 외양과 생각은 서로 일치해야 한다.

42　Ebd., S. 531.

이 일치를 추구하는 것이 곧 사람의 인격이고 성격이다. 이 성격을 바르게 하는 것이 윤리임은 말할 필요도 없다. 동양수신론 – 성리학적 수양론의 한 목표 역시 다름 아닌 편벽된 성격과 기질의 변화에 있다.[43] 이 같은 성격과 태도는 테레제가 빌헬름에게서 본 바 – "우리가 찾을 수 있다고 생각하는 선 자체를 만들어내는, 더 나은 것을 향한 고귀한 탐구와 추구(das edle Suchen und Streben nach dem Bessern)"이기도 하다.[44]

다시 한번 강조되어야 할 사실은 물론 노력이다. 빌헬름은 말한다. "우리는 우리 자신 외에 아무 것도 갖고 있지 않아요. 이 온전한 자기 자신을 우리는 다 바쳐야 합니다." 그러나 이때의 노력을 반드시 드러내놓고 말할 필요는 없다. 오히려 괴테는 빌헬름의 입을 빌려 '보이지 않게 노력하라'고 말한다. "나의 친구

---

43 이승환 교수는 "학문을 하는 커다란 이점은 자신의 기질을 변화시킬 수 있다는 데 있다(爲學大益, 在自求變化氣質)"는 『근사록(近思錄)』(「위학(爲學)」 100조)의 한 구절을 인용하면서 이렇게 적고 있다. "장횡거의 '기질을 변화시킨다'라는 말은 곧 느끼고/사고하고/판단하는 마음의 패턴, 즉 성향(disposition)을 바꾸는 일을 의미한다. 성향을 한결 성숙하고 완전한 상태로 변화시켜 나가는 일은 예나 지금이나 성향윤리(disposition ethics)에서 추구해온 핵심 과제이다." 이승환, 「주자 '근사록'」, 2015년 6월 6일 네이버 문화재단 '문화의 안과 밖' 강연문, 23쪽. 그는 현대의 심리 치료나 성리학적 논의가 모두 기질변화와 성격개선을 강조하지만, 앞의 것이 '타인에 의해 만들어지는 자아(self made by others)'를 전제하는 반면, 성리학은 '자기 힘으로 만드는 자아(self-made self)'를 선호한다는 점에서 차이가 난다고 설명한다. 같은 곳, 27쪽 참조

44 Johann Wolfgang von Goethe, *Wilhelm Meisters Lehrjahre*, a. a. O., S. 531.

들이여, 그것은 재능이나 미덕에 다 해당되는 말입니다. 사람은 그 자체를 위하여 재능이나 덕성을 사랑하거나, 아니면 완전히 버려야 합니다. 이 두 가지를 마치 위험한 비밀처럼 보이지 않게 연마하지 않는다면, 그것은 인정되지도 않고 보상받을 수도 없습니다."[45] 결국 남는 것은 "마치 위험한 비밀처럼, 보이지 않게 연마하는(im Verborgnen üben)" 일이다.[46]

여기에서 밝혀지는 것은 고귀함이나 기품이 더 이상 신분이나 지위에 속하지 않는다는 사실이다. 그가 귀족이든 시민이든, 고귀함과 기품은 이 특정한 계층에 속하는 것이 아니라, 뭔가를 '탐구하고', '더 나은 것을 추구하는' 사람의 자세에 속한다. 더 정확히 말하여, 더 나은 것을 탐구하고 추구하는 일 자체가 고귀한 일이다. 이런 탐구와 추구를 통해 우리는 선을 발견할 수 있을 뿐만 아니라 창출해낸다. 그렇게 한다면 우리의 감성과 이성은 더 넓고 더 높으며 더 깊어지게 될 것이고, 또 어느 정도는 이미 그렇게 되어 있을 것이다.

더 넓고 더 높으며 더 깊은 곳, 그것이 바로 앞서 말한 전체성

---

45 Ebd., S. 213.

46 "보이지 않는 가운데 연마한다"는 괴테의 이 전언은, 퇴계가 상소문 「차자(箚子)」에서 "은미하게 깊이 혼자 있는 경우에도 더욱 정밀하게 성찰해야 한다(隱微幽獨之處 所以省察者愈精愈密)"고 적을 때, 이 "은미성찰(隱微省察)"의 노력과 상통하지 않나 여겨진다. 이황(장기근 역저), 『퇴계집』, 명문당, 2003년, 222쪽 참조

이다. 되풀이하자면 전체성이란, 내적 소명이 마음의 불꽃 속에서 추구해간 삶의 온전한 무엇이고 필연성이다. 왜냐하면 그곳이야말로 보편성의 영역일 것이기 때문이다. 괴테적 교양교육이념의 종착역은 바로 이곳이 아닌가 여겨진다.

그리하여 괴테의 교양교육이념이 지금껏 논의한 대로 더 나은 것에 대한 추구에 있다면, 그래서 거기에서는 가장 비천한 것으로부터 가장 고귀한 것으로의 상승적 이행이 일어나고, 이 이행 때문에 그 움직임을 '노예와 주인의 변증법'이라고 일컬을 수 있다면, 이 상승적 이행의 과정이란 그 자체로 변화와 변형의 갱신 과정이 아닐 수 없다.

어떤 변화인가? 그것은 개인적이고 주관적인 것으로부터 사회적이고 객관적인 차원으로의 변화 과정이다. 토마스 만은 『빌헬름 마이스터의 수업시대』에는 내면성으로부터 객관적이고 정치적이며 공화적인 차원으로 나아가는 놀라운 성취가 있고, 그 중심에는 '교육'이 있다고 지적하면서 이렇게 적는다.

"독일적 완전성의 이 작품으로부터 얻어질 수 있는 본질적 통찰은 고백과 교육, 자기됨과 인간됨의 유기적이고 그르칠 수 없는 상호 소속성에 대한 통찰이다. 그것은 교육의 요소가 내면성의 세계로부터 객관적인 것의 세계로 나아가는 유기적 넘어감의 과

정임을 알려준다. 그 작품은 어떻게 한 사람이 다른 사람으로부터 인간적으로 깨어나는지, 자전적 자기 형성성으로부터 생겨나는 교육의 이념과 더불어 어떻게 사회적인 것의 영역이 획득되는지, 그리하여 인간이 사회적인 것에 의해 자극받아 어떻게 인간적인 것의 말할 것도 없이 최고의 단계를, 말하자면 국가를 인식하게 되는지를 보여준다. 이 작품이 인간성의 한 고전적 작품이라고 불린다면, 그 이유는 바로 이 모든 것이, 말하자면 내부와 외부, 자기 형성과 세계 형성의 이 유기적 인간적 통일이 인간성의 세계를 형성하고 채워주기 때문이다."[47]

토마스 만의 지적에서 핵심은 두 가지다. 『빌헬름 마이스터』에는 첫째, "고백과 교육, 자기됨과 인간됨의 유기적이고 그르칠 수 없는 상호 소속성"이 들어있고, 둘째, "내면성의 세계로부터 객관적인 것의 세계로 나아가는 유기적 넘어감(organischen Übergang)의 과정"이 서술되어 있다. 그리하여 그것은 "어떻게 한 사람이 어떻게 다른 사람으로부터 인간적으로 깨어나는지, 자전적 자기 형성성으로부터 생겨나는 교육의 이념과 더불어 어떻게

---

47 Ehrhard Bahr, *Erläuterungen und Dokumente. Johann Wolfgang Goethe, Wilhelm Meisters Lehrjahre, Stuttgart*, 2 ergänzte Ausg. Stuttgart 2008, S. 353f.; Thomas Mann, *Politische Schriften und Reden* 2, ders. Werke. Das essayistische Werk in 8 Bde., hrsg. v. Hans Bürgin, Frankfurt/Main 1968, S. 134

사회적인 것의 영역이 획득되는지, 그리하여 인간이 사회적인 것에 의해 자극받아 어떻게 인간적인 것의 말할 것도 없이 최고의 단계를, 말하자면 국가를 인식하게 되는지를 보여준다." 결국 이 작품을 지탱하는 문제의식은 "내부와 외부, 자기 형성과 세계 형성의 이 유기적, 인간적 통일이 인간성의 세계를 형성하고 채워준다"는 사실이다.

다시 핵심은 이 매개 — 자기 형성(Selbstformung)과 세계 형성(Weltformung)을 잇는 매개가 바로 교육이고 형성이며 교양이라는 사실이다. 교육 혹은 교양이란 나와 세계, 주체와 객체, 안과 밖을 서로 이어주고 교차시켜준다. 그래서 자아의 내면성은 배우고 익히고 느끼고 생각하는 가운데 스스로 변하면서 더 넓고 깊은 세계 — 사회적이고 객관적이며 세계적인 차원으로 나아간다. 보편성은 이 나아감의 끝에 자리한다. 교육이 나와 세계, 주체와 객체를 유기적으로 교차시키는 데 있다면, 그리고 이 교차 속에서 인간성은 더 넓고 깊게 재편되는 것이라면, 결국 보편성의 경험은 보다 큰 인간성의 경험이고, 이 다른 인간성의 실현이야말로 교양교육의 궁극적 의의가 된다.

정리하자. 괴테의 교양교육이념이 '보편성으로의 고양(Erhebung zur Allgemeinheit)'에 있다면, 이 '고양'이란 '자기 자신을 넘어가는' 일이다. 그것은 자신의 감각과 사고를 끊임없이 단련하고 연마하여 일체의 따분하고 편협하며 고루하며 케케묵은 것들 - 상투성의 차원을 벗어나는 것을 뜻한다. 이렇게 벗어나면서 그것은 삶 자체를 생각하고, 삶의 더 넓고 깊은 가능성을 상기하고자 한다. 그러면서 객체적으로 나아간 이 보편성은 다시 주체적으로, 지금 여기의 나로 돌아온다. 이것이 나와 세계, 자아와 인간, 주체와 대상, 구체와 보편 사이에서 움직이는 교양과 교육의 형성적 변증법이다.

3) 배우는 즐거움 = 살아가는 기쁨

이 무렵 빌헬름은 한 마을에서 실패한 어느 극단 사람들과 만나는데, 그 주요 인물이 라에르테스와 필리네다. 그는 이 두 사람과 연극에 대해 이런저런 얘기를 나눈다. 그러다가 빌헬름은 두 사람과 서커스단의 곡예도 보게 되는데, 이때 미뇽을 만난다. 그는 서커스 단장에게 30 탈러(Taler)를 주고, 그가 돌보는 이 불가사의한 소녀를 구해준다. 그러면서 그는 연극적 소명 의식을 더욱 절실히 느낀다.

"어떤 배우나 작가라고 해도, 또 어떤 인간이라고 해도 고귀한 말이나 선한 행동으로 그런 일반적 인상을 남기게 된다면, 그는 자기 갈망의 정점에 이를 것입니다. 선하고 고귀하며 인간성에 어울리는 감정을 마치 전기 충격처럼 일으킬 수 있다면, 그래서 사람들 사이에 그런 황홀감을 야기할 수 있다면 그것은 얼마나 값진 감정이겠습니까?… 모든 인간적인 것의 공감을 그 무리에 주어서 그들을 행복과 불행, 지혜와 어리석음, 그리하여 무의미와 어리석음의 상상력으로 불타오르게 하고 뒤흔들어, 그들의 막혀버린 내부를 자유롭고 활기차며 순수하게 움직이게 할 수 있다면!"[48]

아마 괴테의 말이 맞다고 해야 할 것이다. 배우든 작가든, 아니면 평범한 인간이라고 해도, 그 갈망의 정점에는 "어떤 고귀한 말이나 선한 행동으로 그런 일반적 인상을 남기게 되는" 데 있을 것이다. 인간이 바라는 한 최고 열망은 다른 사람에게 좋은 언행으로 감동을 주는 데 있을 것이다. 그것은 "선하고 고귀한" 무엇이다.

이 선하고 고귀한 것에서 사적인 것은 공적인 것과 이어져 있고, 개인적인 것은 사회적인 것과 만날 것이다. 그래서 그것은 "인간성에 어울리는 감정"이라고 할 수 있다. 즉 인간적인 것 속

---

48 Johann Wolfgang von Goethe, *Wilhelm Meisters Lehrjahre*, a. a. O., S. 106.

에서 나와 너, 자기 감정과 사회는 서로 합류한다. 모든 "인간적인 것의 함께 느끼기(das Mitgefühl alles Menschlichen)"는 그 자체로 빌헬름의 연극적 목표다.

이 '인간적인 것의 공감'은 더 자세히 살펴볼 필요가 있다. 우리는 인간적인 것의 공감이라는 말에서 두 가지를 물을 수 있다. 우선 '모든 인간적인 것'이란 무엇인가? 그것은 작품 안에서 보면, 선하고 고귀한 무엇이다. 선하고 고귀한 것이야말로 인간성에 합당한 것 – 인간적인 것의 이름이기 때문이다. 둘째, 그렇다면 이 인간적인 것을 어떻게 해야 하는가? 그것은, 이것 역시 작품에서 보면, 기존의 감정을 "불타오르게 하고(entzünden)" "뒤흔드는(erschüttern)" 데 있고, 나아가 "그들의 막혀버린 내부를 자유롭고 활기차며 순수하게 움직이게 하는(in freie, lebhafte und reine Bewegung setzen)" 데 있다.

여기에서 중요한 것은 동사의 성격이고, 형용사의 내용이다. 감정에 있어 중요한 동사는 "불타오르게 하고", "뒤흔들고", 그래서 "움직이게 하는" 것이다. 이 모든 움직임은 "자유롭고 생생하며 순수하게" 되도록 해야 한다. 그러니까 모든 인간적인 것의 공감은 기존의 감정을 점화하고 진동시키며 운동시키고 자유롭고 생생하며 순수한 상태로 전환시키는 데 있다.

그러나 이런 상세한 설명에도 불구하고 '모든 인간적인 것의 공감'이란 표현은 그리 명료해 보이지 않는다. 적어도 나에게는 어딘지 모르게 고답적으로 느껴진다. 더 선명하게 표현할 수 없을까? 도대체 모든 인간적인 것이란 무엇인가? 그것은 혹시 모든 살아있는 것 - 우리가 지금 이렇게 살아 있으면서 느끼는 모든 생생한 것들로 해석하는 것이 더 옳지 않을까?

하나의 느낌이란 내가 살아있는 존재로서 나 자신에 대해 느끼는 것이면서, '동시에', 이 느낌은 나를 둘러싼 모든 살아있는 것에 '대한' 느낌이기도 하다. 그러려면 느낌과 생각이 독립적이어야 한다. 그러니까 생명감은 나에게서 나 아닌 타자에게 전해지는 것이면서, 이 생명적 타자의 전체로부터 나에게 돌아오는 것이기도 하다. 그리하여 나는 생명감 속에서 나 자신과 마찬가지로 나를 둘러싼 세계의 전체를 만난다. 이 생명감(Biogefühl)은 보편적으로 공유된다. 나는 삶의 보편적 공동 감정(universales Mitgefühl des Lebens) 속에서 세계와 만나고, 또 이렇게 만나기 전에 이미 일체가 되어 있다.

그러므로 빌헬름이 추구하는 연극적 교양교육의 목표는 결국 보편적 공동 감정의 진작(振作)이라고 할 수 있을 지도 모른다. 그것은 지금 여기에 내가, 또 우리가 살아있는 그리고 살아가는 기쁨의 진작에 있다. 빌헬름이 고아인 미뇽을 볼 때마다 느꼈던 감정도 바로 이것 - '삶의 기쁨을 깨닫게 하는' 데 있었다.

이 점에서 우리는 다소 도식적인 이분법이긴 하지만 자연과 시민 사회, 본성과 인위 사이의 간극을 말해도 좋을지 모른다. 근대 시민 사회가 도덕을 내세우면서 자연을 무시하고 인간의 본성을 파괴하는 것이라면, 시와 예술은 근대 사회가 파괴한 인간적인 것들 – 자연 혹은 본성의 본래적 성격을 회복해주는 것이다. 교양교육의 과정이란 바로 시와 예술을 통해 이렇게 파괴된 자연과 인간의 본성을 회복하고 형성하는 일과 다르지 않기 때문이다. 되찾은 아들 펠릭스와 같이 살아가게 된 빌헬름은 『빌헬름 마이스터의 수업시대』 마지막에서 이렇게 말한다.

> "오, 도덕의 쓸모없는 엄격함이여!", 그는 이렇게 외쳤다. "왜냐하면 자연은 우리가 마땅히 그래야 하는 그 모든 것으로 사랑스럽게 우리를 만들어주는구나. 오, 시민 사회의 저 기이한 요구는 우리를 당혹스럽게 만들고 잘못 이끌어, 결국 마침내 자연 자체가 우리에게 요구하는 것보다 더 많은 것을 요구하는구나. 진정한 형성의 가장 강력한 수단을 파괴하고, 배움의 길 자체에서 우리를 기쁘게 만드는 대신 그 목적만 지시하는 모든 종류의 교육은 재앙이구나!"[49]

---

[49] Ebd., S. 502.

위 인용에서 핵심은 한 구절 – "그 배움의 길 자체에서 우리를 기쁘하게 만드는" 일이다. 그것이야말로 자연이 혹은 천성이 우리에게 원하는 것이다. 그러나 부르주아 시민 사회는 이것을 무시한다. 그것은 지나친 도덕 아래 우리를 당혹스럽게 만들면서 잘못 이끈다. 그것은 각종 도덕과 인위적 규칙으로 인간의 본성을 옭아매기 때문이다. 그러나 배움-형성-교육-교양은 마땅히 '그런 배움의 과정 속에서' 스스로 기쁘하는 가운데 이뤄져야 한다. 이런 일을 하는 것이 시이고 예술이다.

『빌헬름 마이스터의 수업시대』에서 선택된 예술 장르는 연극이다. 연극은 크고 작은 이런 규칙과 도덕률과 인위에 의해 뒤틀린 삶의 기쁨을 새로 회복시킨다. 그 점에서 그것은 지극히 다양한 문화 활동 가운데 자연의 본성과 만나는 '가장 적당한' 그리고 '가장 자연스러운' 매체일 것이다. 연극은 좋고 고귀하며 위대한 것을 '감각적으로 드러내는(versinnlichen)' 방식이다. 빌헬름의 오랜 꿈도 여기에 있다. 그는 작품의 마지막에서 외친다. "진실한 예술은 좋은 사회와도 같아. 예술은 우리로 하여금 가장 유쾌한 방식으로 척도를 인식하게 하고, 이 척도에 따라, 또 그 척도에 맞게 우리의 가장 깊은 내면은 형성된다네."[50]

---

50 Ebd., S. 516.

그러므로 연극을 통해 배우는 것은 여러 가지지만, 결국 이 모든 것은 하나 - 척도(Maβ)라고 할 수 있다. '절제'나 '질서', '기율'이나 평정은 이런 가치론적 척도의 한두 사례에 해당된다. 그런 점에서 예술의 윤리는 사회의 윤리를 보완한다. 미뇽이 『빌헬름 마이스터의 수업시대』 3부 첫 장에서 부르는 저 유명한 노래도 척도 속에서 추구되는 삶의 기쁨 - 진실로 인간적인 것에 대한 그리움의 표현이 될 것이다.

> "그대는 아는가? 레몬꽃 피는 나라를?
>
> 짙은 나뭇잎 사이로 황금빛 오렌지가 빛나는,
>
> 부드러운 바람이 푸른 하늘로부터 불어오고,
>
> 도금양(桃金孃) 나무는 고요히, 월계수는 드높이 서 있는
>
> 그 나라를 당신은 아시나요?
>
> 그곳으로! 그곳으로
>
> 나는 당신과, 오, 내 사랑하는 연인과 함께 가고 싶네!"[51]

미뇽이 노래하는 이 '나라'는 남쪽의 따뜻한 곳 - 이탈리아로 암시된다. 미뇽은 그녀가 품은 연인, 아마도 속으로만 생각하는

---

51 Ebd., S. 145.

빌헬름과 함께 이 레몬꽃 피는 나라로 가고자 한 것인지도 모른다. "짙은 나뭇잎 사이로 황금빛 오렌지가 빛나고/부드러운 바람이 푸른 하늘로부터 불어오고/도금양 상록수는 고요히, 월계수는 드높이 서 있는/그 나라", 바로 이 나라로 가려는 것이 그녀의 꿈이다. 아마도 레몬꽃 피는 나라는 미뇽의 꿈일 뿐만 아니라 모든 꿈꾸는 자가 희구하는 낙원적 공간일 것이다.

4 교양 추구의 가능성과 한계

> 인간이란 얼마나 자신의 목표에 자기 방식으로만 다다르고자 하고,
> 자명한 것을 이해시키는 데도 얼마나 곤란을 겪어야 하며,
> 누군가 무엇을 이루고자 할 경우 그 계획이 가능할 첫 번째 조건을 알게 하는 것도
> 얼마나 어려운 것인지…
>
> _ 괴테, 『빌헬름 마이스터의 수업시대』, 313쪽

1) 교양이라는 '짐'

교양과 형성 그리고 교육의 길은 어렵다. 그 길은 말할 나위도 없이 길고 험난하다. 이것은 빌헬름이 느끼는 것이면서 그가

사랑하는 여배우 아우렐리에가 절감하는 것이기도 하다. 그녀는 마치 빌헬름처럼 연극을 통해 감정을 고양시키려 하지만, "온갖 신분과 나이 그리고 성격들이 자기에게 하나같이 짐(Last)이 되는 것"을 느낀다.[52] 그녀가 말하는 것은 연극배우로서 그녀가 체험한 그 시대 청중의 실상일 것이다.

> "턱을 받친 채 공상에 빠진 대학생이나 겸손한 듯 하나 거만할 정도로 당혹스런 학자들, 건들거리며 걷는 신사양반이나 뻣뻣하면서도 조심하는 장사꾼, 거친 시골 남작과 친절한 듯 알랑대는 궁정관리, 궤도를 벗어난 젊은 성직자, 차분하지만 약삭빠른 상인, 이 모든 사람의 활동을 저는 다 보았습니다! 하지만 그 가운데 흔하디흔한 관심을 불러일으키는 사람은 없었지요. 이 멍청한 이들의 갈채 하나하나를 힘들고 지루하게 끌어 모으는 것도 성가신 일이었어요… 나는 이 모두를 진심으로 경멸하기 시작했습니다. 그들 모두는 너무 무례하고, 잘못 교육받고 역겹게 배웠으며, 좋은 점이라고는 없는 공허하고 몰취미한 사람들로 보였습니다. 그래서 저는 이렇게 외쳤지요. 외국으로부터 배우지 않는다면, 그 어떤 독일인도 신발의 죔쇠 하나 채울 수 없다고 말이지요."[53]

---

52 Ebd., S. 259.

53 Ebd., S. 260.

위에서 질타 받는 이들은 아우렐리에가 주로 연극 공연을 할 때 만난 사람들이지만, 여기에는 무대 밖에서 만난 이들도 있다. 그 가운데는 대학생과 학자, 신사나 장사꾼, 남작 같은 귀족이나 궁정관리 그리고 상인과 성직자도 있다. 그녀가 만난 사람들은 1800년대를 전후로 한 독일 사회의 거의 모든 계층을 포괄한다.

이들은 공연된 작품이나 그 작가에 대해 얘기하기보다는, 또 이 작품을 공연한 배우들의 연기에 대해 말하기보다는 해도 좋고 안 해도 되는 의견을 내놓거나 작품 외적 사안에만, 이를테면 여배우의 외모 같은 지엽적 일에만 관심을 갖는다. 말하자면 '심미적 전체'가 아니라 작품의 일부에 대해, 그것도 파편적 형태로 말한다.[54]

이들의 행동을 보여주는 형용사는 흥미롭다. 그들은 "턱 받친 채 공상에 빠져" 있거나, "겸손한 듯하나 거만할 정도로 당혹스럽거나", "건들거리며 걷거나" "뻣뻣하면서도 조심하"고, "거칠거나" "친절한 듯 알랑대"거나 "궤도를 벗어나" 있거나, "차분하지만 약삭빠르게 행동한"다. 이들로 인한 실망과 좌절 때문에 그녀는 병이 들 지경이다. 이들 모두는 "너무 무례하고, 잘못 교

---

54 이와 관련하여 괴테는 쓴다. "독일인 중에서, 어쩌면 모든 근대 국가의 국민들 가운데 심미적 전체에 대한 감정을 가진 사람은 적을 것입니다. 그들은 그저 부분적으로만 칭찬하거나 비난하지요. 그들은 단지 여기저기서만 감탄하지요." Ebd., S. 295.

육받고 역겹게 배웠으며, 좋은 점이라고는 없는 공허하고 몰취미한 사람들"이다. 그래서 그녀는 외친다. "외국으로부터 배우지 않는다면, 그 어떤 독일인도 신발의 쬠쇠 하나 채울 수 없다."

독일 연극의 낙후성은 이런 식으로 독일 관객과 청중의 미숙함으로 이어져 있고, 청중과 관객의 미숙함은 독일 민중 전체의 미숙함으로 확장된다. 이 시대 사람들의 의식 수준 일반이 얼마나 불합리했던가는, 빌헬름이 배우로 활동하면서『햄릿』공연을 올린 극장에 원인모를 불이 났을 때, '신이 심판을 내렸으니 극장 문을 닫아야 한다'고 주장하던 한 성직자의 말에서도 잘 드러난다. 미숙한 민중의 이 같은 의식 수준은, 나아가면 당시 독일 사회의 정치 문화적 후진성을 증거하기도 한다. 이런 정치 문화적 제도적 낙후성은 독일 연극의 미발달에 기여한다. 이것은 아우렐리에의 오빠이자 극단장인 제를레로부터 그의 지난 삶에 대한 이야기를 들었을 때, 빌헬름이 깨닫는 바이기도 하다.

타고난 배우였던 제를로는 어린 시절부터 무대에서 관객을 감동시켰고, 커서는 여러 도시와 지방을 떠돌아다니며 연극 공연을 했다. 이렇게 하여 그가 느낀 것은 "그 당시 독일 연극을 지배했던 천편일률성, 알렉산드리아풍의 무미건조한 억양과 운율, 부자연스럽고 김빠진 대화, 도덕 설교자들이나 하는 건조하고 천박한 말들"이었다.[55] 그는 『빌헬름 마이스터의 수업시대』 전편을 통해 연극과 예술의 가능성에 대해 빌헬름 다음으로 가장 깊은 생각을 선보이는 인물이다. 그는 이런 공연을 작은 마을이나 귀족 저택에서 1인극으로 하면서 겨우 밥값과 숙박비를 마련해 간다.

제를로의 이 연극적 재능은 빌헬름에게도 확인된다. 하지만 둘 사이에 차이가 없는 것은 아니다. 제를로가 많은 문제를 가볍게 생각하고 문제에 대한 직접적 답변은 회피한 채 사안을 재미있게 설명하는 데 만족하는 반면에, 빌헬름은 훨씬 더 진지하게 고민한다. "빌헬름은 자신이 파악한 개념으로 모든 것을 전개시키길 원했고, 예술을 일정한 연관 관계 속에서 다루고자 했다.

---

55 Ebd., S. 271 1800년대 독일 문화의 후진성으로부터 독일연극의 천편일률성과 무미건조한 형식이 나온다면, 이 연극적 후진성의 바탕에는 부자연스런 언어와 도덕주의적 천박성에 자리할 것이다. 그렇듯이 19세기 말 개항 이후 일제 식민시대와 8. 15. 해방을 지나 1960년대에 이르는 한국의 근현대사 역시 그런 문화적 낙후성으로부터 벗어나기 어려웠다. 한글로 된 문장이, 다음의 김우창 선생이 지적하듯이, 어떤 기하학적 정확성의 수준에 미치지 못하는 것은 말할 것도 없고 최소한도로 알아볼 수 있는 진술구조를 가진 경우도, 적어도 1960년대 말까지는 드물었던 것 같다. "기하의 논증은 그 진술의 완벽으로 하여 우리를 감탄케 한다. 이때 우리의 감탄은 다분히 심미적인 것이라 하겠는데, 진술의 기하학적 완벽은 예술작품의 이상조건이라 할 수 있다. 이것은 현학적인 형식미에 대한 요구가 아니다. 문학작품은 알아볼 수 있는 경험을 만든다… 요즘 한국 시 가운데 최소한의 인지가능한 진술의 구조를 가진 시를 만나는 것은 쉬운 일이 아닌 것 같다." 김우창, 「어려운 진술의 완벽성」(작단시감/作壇時感, 1967), 김우창, 『시대의 흐름과 성찰2』(김우창 전집 17권), 2016년, 민음사, 181쪽

그는 분명한 규칙을 정하고자 했으며, 무엇이 옳고 무엇이 아름답고 무엇이 선한 것인지, 그리고 무엇이 박수 받을 만한 것인지를 규정하려 했다. 말하자면 그는 모든 것을 최대한 진지하게 다루었던 것이다."

빌헬름의 태도는 간단하기는 하나, 교양/형성의 문제에서 중요한 세 원칙이 들어있다. 첫째, "자신이 파악한 개념으로" 가능한 한 "모든 것을 전개시키는" 것. 둘째, "예술을 일정한 연관 관계 속에서" 혹은 맥락 아래 다루는 것. 셋째, "무엇이 옳고 무엇이 아름답고 무엇이 선한 것인지" "분명한 원칙을 정할 것". 이세 가지 원칙은 진지함이라는 한 가지 덕성으로 귀결된다.

제를로가 빌헬름에게 자기 극단에서 같이 일하자고 제안하는 것도 두 사람이 공유하는 예술적 관심 때문이었을 것이다. 빌헬름은 한편으로 이런 제안에 당혹해 하면서도, 다른 한편으로는 제를로처럼 자기도 어린 시절부터 무대에 대한 갈망이 있었음을 새삼스레 자각한다. 연극의 삶은 무질서하고 불안정하고, 그래서 부르주아적 삶은 그같은 불안정을 허용하지 않지만, 그럼에도 예술의 이런 삶이 더 순수하고 품위 있는 것이라고 그는 여긴다. 시민 계급으로서의 외적 삶은 상업과 거래와 이윤과 소유를 요구하지만 그의 "가장 내적 욕구는 육체적이든 정신적이든, 선한 것과 아름다운 것에 머물려는 성향을 점점 더 많이 발전시키

고 형성하고자 하는 욕구를 낳고 키워주는" 것이다.[56]

2) 대상: '자기'에의 집중

> 무릇 외(外)를 삼가는 것은 곧 내(內)를 함양하게 되는 이유입니다.
> (凡致謹於外乃所以涵養其中也)
> _ 퇴계, 「정자중(鄭子中)에게 답함」[57]

> 어렸을 때부터 나는 내 정신의 눈을 밖보다는 안으로 향해 왔습니다.
> _ 괴테, 『빌헬름 마이스터의 수업시대』, 257쪽

괴테의 교양 개념은 무엇보다도 자기에게 집중되어 있다.[58] 이것은 상인인 친구 베르너가 보낸 편지, 말하자면 '성실하게 돈

---

56 Ebd., S. 276.

57 이황(윤사순 역주), 『퇴계선집』, 현암사, 1982 108쪽. 번역은 부분적으로 고쳤다.

58 이것은 괴테의 교양교육원칙으로서도 중요하지만, 동양의 수신개념과의 비교적 관점에서도 중요하다. 예를 들어 퇴계는 제자 김부륜(金富倫)에게 '자기를 위한 학문(爲己之學)'과 '남에게 보여주기 위한 학문(爲人之學)'을 구분하면서 이렇게 말한 것으로 전해진다. "선생께서는 말씀하셨다. 자기를 위한 학문이란 내가 마땅히 알아야 할 바가 도리이고, 덕행이란 내가 마땅히 행해야 할 바이며, 가까운 안으로부터 수양하고 마음을 얻어 실천하는 것이다. 남을 위한 학문이란 마음을 얻어 행하지 않고, 거짓을 꾸미고 바깥을 자랑하며 이름을 구하고 명예를 취하는 것이다. (先生曰, 爲己之學, 以道理爲吾人之所當知, 德行爲吾人之所當行, 近裏著工, 期在心得, 而躬行者, 是也. 爲人之學, 則不務心得躬行而飾虛徇外, 以求名取譽者, 是也)" 이황(장재근 역저), 「언행록 권1」, 『퇴계집』, 569쪽. 번역은 부분적으로 고쳤다.

벌어서' '가족과 즐겁게 지내고', '가족에게 도움되지 않는 세상 일에는 신경 쓰지 말라'는 편지를 받고 빌헬름이 쓴 답장에 잘 나타난다. (5부 3장)

> "자네의 살아가는 방식이나 생각하는 방식은 무제한적 소유와 가
> 볍고 즐거운 향유에 놓여있네. 거기에 내가 아무런 흥미도 느끼
> 지 못한다는 걸 자네에게 말할 필요는 없겠지… 내 자신의 내면
> 이 쇠 찌꺼기로 가득 차 있다면, 좋은 철을 만든다는 게 무슨 소
> 용있겠나? 내가 나 자신과 일치하지 못한다면, 시골의 토지를 정
> 리한다는 게 무엇이겠는가? 한 마디로 말하네. 오직 있는 그대로
> 의 나 자신을 형성시키는 것이야말로 어린 시절부터 어렴풋이 품
> 어온 내 소망이고 의도라네."[59]

이렇게 말하면서 빌헬름의 시각은 귀족과 시민의 신분적 계급 적 차이로 옮아간다. 귀족에게는 재산이 있고, 이 재산에 '용모 (Figur)'나 '인품(Persönlichkeit)'이 딸려 있다. 이 인품에는 예의범절 (Anstand)이나 우아(Grazie) 같은 덕성이 관련되어 있다. 그리하여 신분은 귀족에게 삶의 거의 모든 것 – 재산과 재능과 능력을 대

---

59 Johann Wolfgang von Goethe, *Wilhelm Meisters Lehrjahre*, a. a. O., S. 289f.

신해준다. 교양이나 지식도 이 같은 재산과 신분의 조건 아래 가능하다. 그러니 귀족의 재능도 그들 덕성이 그러하듯, 신분적 재산적 특혜 없이 생각할 수 없다. 적어도 전통적 시각에서 보자면 그렇다고 할 수 있다.

이에 비해 시민은 자신을 스스로 갈고 닦아야 했다. 즉 직접 배워 익히고 스스로 단련하면서 교양을 쌓아야 했으며, 그 때문에 때로는 전장터로 나가 공훈을 쌓아야 했다. 그래야 계급 서열에서 한 단계 진급할 수 있었고, 운이 좋으면 작위를 얻을 수 있었다. 그렇다는 것은 시민 계급에게 교양과 교육은 스스로 원하는 것이기도 하지만, 출세를 위해 하지 않으면 안 되는 것이기도 했다. 그러므로 시민 계급의 교양교육은 자발적이면서 동시에 강요된 것이다. 사회적 진출이나 신분 상승을 위해 교양교육은 절대적으로 불가결했던 것이다.

이를테면 보르도 지방에서 청어잡이 배를 탔던 1500년대 몽테뉴의 할아버지가 그랬고, 네덜란드의 독립에 큰 기여를 한 1650년대 신흥 상인 계급이 그랬으며, 1840년대 농노였던 체홉의 할아버지도 그랬다. 그래서 그 아들이나 손자는 몽테뉴나 체홉이 보여주듯이, 비로소 그 사회에서 귀족으로 떳떳하게 살아갈 수 있거나 적어도 계층적 신분 차별을 덜 받을 수 있었다. 서구 시민 계급의 역사 전체가 이런 신분 변화의 점진적 과정과 그에 따른 특권의 '어쩔 수 없는' 폐지를 잘 보여준다. (여기에서 '어쩔 수 없다'는 것은 물론 그런 신분제 폐지가 지배층의 자발적이고도 관대한 양보에 의해서라기보다는 피지배층의 피나는 투쟁과 노력 속에서 이뤄졌다는 뜻이다) 1800년을 전후로 한 독일의 시민 계급도 이와 크게 다르지 않았다. 인류사의 참으로 오랜 시간 동안, 아니 역사의 대부분을 인간이라는 종은 소수의 이 견고한 특권화 – 불평등의 야만적 제도화를 겪어온 것이다.

그래서 괴테는 적는다. "내가 귀족이라면, 우리 논쟁은 곧 해결될 것이네. 그러나 나는 시민이기 때문에 내 자신의 길을 가야만 하네… 귀족은 행동하고 영향력을 행사하지만, 시민은 뭔가를 이뤄내고 만들어내야 하네."**60** "뭔가를 이뤄내고 만들어내는 (leisten und schaffen)" 것이야말로 시민의 가장 중요한 특징이 아닐 수 없다. 시민에게는, 귀족의 지위나 재산처럼, 처음부터 주어진 것이 없기 때문이다.

시민은 무(無)에서 유(有)를 창조해내고 생산해내야 한다. 시민은 근본적으로 생산 계급이다. 어떤 의미있는 것을 창조해 내기 위한 수단, 그것이 바로 교육이고 교양인 것이다.

---

60 Ebd., S. 290f.

3) 출발점: "성향과 소망"의 방향

『빌헬름 마이스터의 수업시대』에는 곳곳에 교양교육에 대한 생각과 성찰, 논평과 단상이 널려있다. 그러나 그 출발점이 어디여야 하는가? 여기에 대해서는 분명하게 나와 있지 않다.

교양교육은 어떻게 시작되는 것인가? 괴테는 이것을 각자의 "성향들과 소망들"의 방향이 어디인가를 묻는 데서 찾고 있는 듯하다. 이것은 『빌헬름 마이스터의 수업시대』의 6부 「아름다운 영혼의 고백」의 맨 마지막에 나오는 것으로, 아름다운 영혼인 '나'의 숙부가 어느 신부(神父)에게 배운 것으로 되어 있다.

> "··· 인간의 교육과 관련하여 뭔가 하고자 한다면, 우선 그의 성향과 소망이 어디를 향해 있는지 알아야 하고, 그런 후 그는 그 성향과 소망을 가능한 한 빨리 만족시키고 실현할 수 있게 해주어야 합니다. 그래서 그가 잘못을 범하더라도 곧 자기 잘못을 알아채고, 자신에게 적합한 것을 골랐을 경우 더 열심히 매진해서 그만큼 부지런히 자신을 계속 성장시켜 가게 됩니다.[61]

---

61 Ebd., S. 419.

여기에 나오는 내용은 "인간의 교육(Erziehung des Menschen)"에 대한 것이다. 괴테의 이 "인간의 교육"이라는 구절은 쉴러의 '인간의 심미적 교육(Ästhetische Erziehung des Menschen)'이라는 책 제목을 연상시킨다. 아마도 쉴러의 주저인 『인간의 심미적 교육론』은, 마치 헤겔의 '주인과 노예의 변증법'이 괴테의 『수업시대』에서 나왔을 것이듯이, 괴테의 이 인간교양론에서 나왔는지도 모른다.

위 인용문에서 특이한 점은 교양교육론의 출발이, 흔히 그러하듯이 감성의 변화에서 시작하지 않는다는 점이다. 감성의 문제는 물론 중요하다. 그리고 감성이 이성과 어떻게 관계하는가의 문제는 더욱 중요하다. 그러나 감성의 문제, 또 감성과 이성의 관계 문제보다 더 근본적인 주제는 '성향(性向)들'과 '소망들(Wünsche)'의 문제다. 이 복수형태에 주의하자. 성향이나 소망은 하나가 아니기 때문이다.

여기에서 성향(Neigungen)이란 일정하게 '기우는 것'이고 그렇게 '기우는 방향'이다. (독일어 Neigung의 동사는 neigen이고, neigen이란 '기울다'는 뜻이다. 그래서 Neigung이란 '기울기'라는 뜻에서 '성향', '성벽', '경향', '애정' 등의 뜻으로 퍼져간다) 말하자면 성향은 감정의 일정한 경사(傾斜)나 편향을 뜻한다. 그러므로 교양교육의 출발점은 자기의 감성이나 이성의 개선에 머무는 것이 아니라 그 이전에 타고난 성향의 방향을 물어보고, 그에 맞게 조처하는 데 있다. 이것은 세 단계로 나눠 생각해볼 수 있다.

첫째, "그의 성향과 소망이 어디를 향해 있는지 알아야 하고", 둘째, "그런 후 그 성향과 소망을 가능한 한 빨리 만족시키고 실현시킬 수 있도록 해주어야 하며", 셋째, "그래서 그가 잘못을 범하더라도 곧 자신의 잘못을 알아채고, 자신에게 적합한 것을 골랐을 경우 더 열심히 매진해서 그만큼 부지런히 계속 자신을 성장시켜 가도록" 해야 한다는 것이다. 다르게 말하여 성향과 소망의 방향을 발견하고, 이 성향과 소망의 실현을 위한 환경을 조성하며, 이 모든 것이 '자신에게 맞는 것'을 찾아하는 데로 수렴되어야 한다.

이 다음에는 무엇이 이뤄지는가? 이것은 교양교육의 단계에 대한 물음이다. 이 단계는 『빌헬름 마이스터의 수업시대』에서 여러 가지로 펼쳐진다. 그것은 앞으로 다뤄질 각 주제에 따라 차례대로 점검해볼 참이다. 그 내용이 어떻든 간에 그 종결점은 분명하다. 한 가지만 고른다면, 그것은 '보다 큰 것과의 조화'라고 할 수 있다. 큰 것과의 이러한 조화를 위해 개체에게는 '양보'와 '체념' 그리고 '자기 망각'이 필요하다. '운명'을 생각하고, '체념'을 강조하는 것도 그와 같은 이유에서다. 『빌헬름 마이스터의 수업시대』 끝 무렵에 야르노는 빌헬름에게 말한다.

"처음으로 세상에 나가는 사람이 자신을 중요시하고, 많은 장점을 얻으려고 하며, 또 많은 것이 가능하도록 애쓰는 것은 좋습니다. 그러나 자신의 교양이 일정한 단계에 이르면, 보다 큰 집단에서 자신을 잊는 법을 배우고, 다른 사람을 위해 사는 것을 배우며, 어떤 의무적 활동 속에서 자신을 잊는 법을 배우는 것이 좋습니다. 거기에서 그는 비로소 자기 자신을 배우게 되지요."[62]

　여기에서 주의할 것은 교양교육의 과정에서 일어나는 몇 가지 단계다. 그것은, 첫째, 한편으로는 보다 큰 무리에 자신을 융합시키고, 둘째, 다른 한편으로는 '자신을 잊는' 것이다. 그러면서도 셋째, '다른 사람을 위해 사는' 것이고, 넷째, 그런 "의무적 활동 속에서 자신을 잊는" 것이다. 여기에는 몇 가지 모순되는 일이 동시에 일어난다. 이 모순의 핵심은 어디에 있는가? 집단에 참여하면서도 그 참여를 잊고, 의무적인 일에서도 자기를 잊는 것이다. 인간은 참여와 망각을 오가면서, 봉사와 무의도 사이에서 비로소 자기 자신을 배우는 것이다.
　나는 위에서 괴테의 교양 개념이 '자기'에게 집중되어 있고, 이런 집중적 요소는 역사적으로 보면 시민 계급이 귀족 계급의

62　Ebd., S. 493.

명예나 예의 같은 덕성을 습득함으로써 그 혜택을 얻으려 하는 데 있었다고 적었다. 그러나 그의 교양교육 개념에 계급적 신분적 요소만 있는 게 아니다. 자기에게 집중한다는 것은 그 자신의 고유성 – 그 실존적 절실성을 존중한다는 것이고, 자기 자신의 내면과 양심에 귀 기울인다는 뜻이다. 이런 면모는 어쩌면 괴테의 교양교육개념에서, 좀 더 넓게 인간 의식의 주체화/근대화 과정에서 훨씬 더 중요한 요소일지도 모른다. 왜냐하면 자기 자신에 대한 충실 없이는, 자기 충실의 이 같은 바탕 없이는 그 어떤 일도 공허할 것이기 때문이다.

모름지기 자기 충실은 모든 실존적 행복감의 근거여야 마땅하다. 이런 자기 충실을 괴테는 '자기에게 속하는 일'로 보았다. 자기에게 속하는 일 – '자기가 진정으로 자기 자신의 것'이 되지 못한다면, 사람은 불행하다고 그는 보았다. 빌헬름은 고백한다. "난 불행한 것은 아니었지만 불안했어요. 나는 정말 나 자신에게 속하지 않았지요. 결국 행복하지 않았다는 것이지요."[63]

그러므로 자기 소속과 이 소속감을 통한 자기 충실은 사회에 대한 소속이고 집단에의 참여다. 그러면서 이 참여가 성숙의 단계에 이르면, 이 집단으로부터 물러나 "자신을 잊고", "다른 사

---

63 Johann Wolfgang von Goethe, *Wilhelm Meisters Wanderjahre*, a. a. O., S. 224.

람을 위해 사는 것을 배우며", "어떤 의무적 활동 속에서 자신을 잊는 법을 배우는 것"이 좋다. 이것은 무슨 뜻일까? 그것은 집단에 참여하되 그 참여를 내세우지 않고, 큰 뜻을 위해 봉사하되 이 봉사를 잊어버리는 상태가 아닐까? 그래서 어떤 선의를 실천하되 실천하려는 여하한의 의도도 지워버리는 것, 그것이야말로 '무의도의 진실성'을 말없이 실천하는 일이 아닐까?

봉사를 위한 자기 망각은 보다 다른 자기, 보다 진실한 자기 자신과 만나기 위해서다. 체념과 봉사, 순응과 자기 망각은 그 때문에 필요하다.

4) 교양 추구의 방법

원칙 ①: 자기 결정과 비강제 그리고 결단

괴테적 교양 개념의 목표가 무엇인지 간단히 말하기는 어렵다. 그러나 그것은 『빌헬름 마이스터의 수업시대』 전반에 걸쳐 나타나고, 또 이렇게 나타난 어떤 것은 그 후속작 『빌헬름 마이스터의 편력시대』에 이어지면서 심화-확장된다. 그러나 그 핵심 목표는 나의 판단으로는 이미 『수업시대』 가운데 저 유명한 6부 「아름다운 영혼(schöne Seele)의 고백」에 나타나지 않나 여겨진다.

여기에 나오는 '고백하는 나'는 여자다. 그러나 그녀는 많은 점에서 어린 시절 그리고 청년 시절의 괴테 자신으로 보인다. 어머니가 들려주는 『성경』얘기를 즐겨 듣고, 아버지가 가져온 온갖 식물과 곤충, 새와 짐승의 표본에 큰 관심을 가지며, 무엇이든 닥치는 대로 읽고, 앎에 대한 엄청난 욕구를 지닌 채 프랑스어와 춤과 미술도 배우고, 이런저런 사랑이야기를 직접 쓰기도 한다는 점에서 그렇다. 이 배움의 과정 자체가 "내 마음의 교양 (Bildung meines Herzens)"이 됐다고 그녀는 토로한다.[64]

이 같은 배움에서 그녀는 특히 내면의 목소리에 귀 기울이고, 신과의 만남을 중시한다. 괴테는 적는다. "그(신: 역자 주) 앞에서 어떤 높은 것이나 깊은 것, 어두운 것이나 밝은 것이 어디 있나요? 위와 아래, 낮과 밤은 우리 인간만 갖는 것입니다."[65] 이런 그녀는 결국 헤른후트파의 신도가 된다.[66]

---

64 Johann Wolfgang von Goethe, *Wilhelm Meisters Lehrjahre*., a. a. O., S. 362 그러나 '자기 자신만의 길을 간다(einen eigenen Weg nehmen)'는 것은 말할 것도 없이 어려운 일이다. 그것은 말로는 쉽게 할 수 있지만, 실제로 그렇게 하는 것은 어렵고, 그런 일을 장려하는 일도 쉽지 않다. 괴테는 적는다. "그러나 실제에 있어 그 누구도 관대하지 않아요! 모든 사람에게 각자의 방식과 본성을 기꺼이 허락한다고 확언하는 사람도 그 자신과 다르게 생각하는 사람을 활동에서 배제하려고 하니 말입니다." Ebd., S. 419f.

65 Ebd., S. 394.

66 헤른후트파(Herrnhuter)는 1720년 경 친첸도르프(Zinsendorf) 백작이 창립한, 경건주의 전통을 가진 종교단체로서, 젊은 시절 괴테는 이 교단 신자들과 교류

22살 무렵 그녀는 '나르치스'라는 청년을 사랑하게 되었고, 또 자기 또래 친구들이 즐거워하는 일에 더 이상 즐거워하지 않게 됐다는 것, 그래서 자기만의 취향과 감각 방식을 갖게 됐다고 토로한다. 그리고 이것은 '자기 자신의 영혼'을 알게 되었기 때문이라고 말한다. 그녀는 그만큼 내성적, 내향적으로 되어간 것이다. 이렇게 토로하는 고백의 내용은 교양교육적 차원에서 매우 중요해 보인다.

"아니, 저절로 얻게 된 경험으로부터 나는 보다 높은 느낌이 삶에는 존재하며, 이 느낌은 쾌락 속에서는 결코 찾을 수 없는 어떤 즐거움을 참으로 선사한다는 것을, 그래서 보다 높은 이 기쁨에는 우리가 불행할 때 우리를 강하게 해주는 어떤 비밀스런 보물이 보존되어 있다는 걸 알게 되었지요… 나를 공기 없는 공간에 가둔 것은 유리 덮개에 불과함을 나는 갑자기 알았습니다. 그러니 그것을 깨뜨릴 힘만 있다면, 나는 해방될 것입니다…. 나는 나의 행동을 하기 위한 완전한 자유를 요구합니다. 내가 하는 일은 나의 확신에 달려 있습니다. 나는 내 견해를 고집스럽게 주장하진 않을 것이지만, 어떤 이유라도 기꺼이 들을 것입니다. 하지

한 적이 있다. 『빌헬름 마이스터의 수업시대』에는 헤른후트파 뿐만 아니라 그와 관련된 여러 사항들이, 실제로 친첸도르프 백작을 비롯하여 자주 나온다.

만 내 자신의 행복에 관한 한, 내 스스로 결정해야 하고, 어떤 강제도 받아들이지 않을 것입니다… 나는 내 생각과 어긋나는 일을 하기보다 차라리 조국도 부모도 그리고 친구도 버리고, 낯선 곳에서 빵을 벌면서 살겠습니다."[67]

이것은 청년 나르치스와의 사랑에서 '아름다운 영혼'이 토로하는 내용이지만, 우리 글의 맥락과 관련하여 매우 중요해 보인다. 이 토로에는 이 여성이 지닌 자기 형성의 의미심장한 자세가 들어있는 것으로 여겨지기 때문이다. 여기에서 강조되는 것은 세 가지다.

첫째, 자기를 형성하는 자에게 있는 것은 '영혼과의 교섭'이다.

둘째, 이런 영혼을 가진 자는 삶에 "보다 높은 느낌(höhere Empfindung)"이 있다고 여겨진다. 이 높은 느낌은 그러나 흔히 있는 연애나 유흥 혹은 오락에는 찾을 수 없다. 그것은 아마도 작품 안에서 보면, 신적인 것과의 교감 속에서 경험되는 것이라고 해야 할 것이다. 그러나 그것은 일상에서도 체험될 수 있다. 그것은 신적인 것과 만나는 "보다 높은 기쁨(höhern Freude)"이고, 그 때문에 우리가 "불행할 때 우리 자신을 강하게 해주는 어떤 비밀

---

67 Ebd., S. 378ff.

스런 보석" 같은 것이다.

셋째, 이 보다 높은 느낌, 보다 고양된 기쁨 속에서 아름다운 영혼은 "자유"를 요구한다. 그는 자기 "견해를 고집스럽게 주장하지는 않지만", 그 "자신의 행복에 관한 한", 그 "스스로 결정하고, 그 어떤 강제도 받아들이지 않"겠다고 말한다. 이것은 배움의 길에서 행하는 자기 결정과 강제 거부의 선언이다. 그는 자기의 "생각과 어긋나는 일을 하기보다는 차라리 조국도 부모도 그리고 친구도 버리고, 낯선 곳에서 빵을 벌면서 살겠다"고 선언한다.

그러므로 드높은 느낌과 고양된 기쁨, 구속에 대한 거부와 자유에의 갈망은 높은 교양의 가치이자 목표가 된다. 그것은 심지어 "조국"이나 "부모" 혹은 "친구"보다도 더 소중한 것이다. 그러나 그녀의 양심과 천진성은 현실에서 빛을 내지 못한다. 승진 이후 그녀가 사랑하던 나르치스는 자신이 집안을 일으켜야 하고, 그 때문에 그와 같이 살려면 그녀가 지녀온 기존의 생각을 고쳐야 한다고 요구해 왔으므로, 그녀는 결국 그와 헤어지고 만다. 그 후 그녀는 영혼의 치유를 갈망하면서 자기 길을 가고자 노력한다.

이런 생각들은 그녀의 숙부, 말하자면 궁정에서 일하다가 은퇴한 아버지의 이복동생을 만나 대화하면서 더 깊고 단단해진다. 이 숙부는 엄격하면서도 사려 깊은 성격으로, 책과 미술, 건축과 골동품에 깊은 조예를 가진 인물이다. 그가 강조하는 것은 '노력'과 '결단', 그리고 이를 위한 '진지함'이다. 이 세 덕목은 자기 결정에 따르는 조건이고, 그러니만큼 그것은 권리라기보다는 의무에 가깝다. 자유에 유보 조항이 붙는 것이다.

"네가 너의 사고방식이나 행동 방식을 칭찬한다고 해서 네 비위를 맞추고 있다고 여기지 마라… 나는 자신이 무엇을 바라는지 분명히 알고, 끊임없이 앞으로 나아가며, 그 목적을 위한 수단을 알고, 그 수단을 잡아 쓸 줄 아는 사람을 존경한단다. 그의 목적이 거창한지 사소한지, 칭찬을 받을 만한지 비난받을 만한지 그것은 나중 일이야. 사랑하는 아이야, 세상의 불행이나 악의 가장 큰 부분은 사람이 너무도 게을러 그 목적을 제대로 알려 하지 않거나, 설령 안다고 해도 그 목적을 향해 진지하게 나아가지 않기에 생겨나는 것이란다… 네 자신의 내적 도덕적 본성과 일치하려는 최고의 욕구를 가진 네가, 거대하고 대담한 희생을 치르는 대신 가족과 신랑 혹은 남편에 의지하면서 살았다고 한다면, 너는 네 자신과는 영원한 불일치 속에서 결코 한 순간도 만족하며 즐기지 못했을 거야."

"이성이건 감성이건, 그 무엇이건, 하나를 위해 다른 것을 내어주고 어떤 하나를 다른 것에 앞서 선택한다는 것, 그 결단과 결과야말로 내 생각으로는 인간에게 가장 존경할 만한 것이야… 규칙적 자기 활동과 결합될 수 없는 뭔가를 추구하게 된다면, 그것은 늘 불행이지. 이 세상에 진지함이 없다면, 그 어떤 것도 가능하지 않아."[68]

우리는 이렇게 요약할 수 있다. 괴테적 교양교육의 목표가 '보다 높은 느낌'이고 '고양된 기쁨'이라면, 이 기쁨은 스스로 결정하고, 이렇게 결정된 것에 대해 진지하게 노력하는 데 있다.[69] 적어도 자기 "자신의 행복에 관한 한" "스스로 결정해야 하고, 그 어떤 강제도 받아들여선 안 된다."는 이 자발성은 강조되어야 한다. 인간 교육의 시작과 끝은 비강제의 존중, 자발성의 장려다.

---

68 Ebd., S. 405ff. 괴테는 『빌헬름 마이스터의 수업시대』 전편을 통하여 '본성 (Natur, 혹은 자연)'을 강조한다. 혹은 '충동/본능(Trieb)'이나 '신조(Gesinnung)' 같은 말을 강조한다. 충동이나 신조의 경우, 이 둘은 '법(Gesetz)'이나 '명령 (Gebot)'이라는 말과 대조적으로 사용된다. 그는 쓴다. "나는 거의 명령을 받아 본 적이 없고, 어떤 것도 나에게 법의 형태로 나타난 적이 없습니다. 나를 이 끌고, 나를 늘 올바르게 인도한 것은 충동이지요. 나는 자유롭게 내 신조에 따랐으며, 그럼에도 후회도 제약도 느끼지 않았습니다." Ebd., S. 420. 본성이란 개념이 어떻게 자유와 자발성에 관계하고, 또 어떻게 법이나 명령이라는 말과 대조적인지 괴테는 좀 더 명료하게 논의하지 않는다.

69 괴테는 '아름다운 영혼'의 '나'를 통해 이렇게 말한다. "자유의 너무도 귀중한 행복은 사람이 할 수 있고, 또 상황이 허용하는 모든 것을 하는 데 있는 것이 아니라, 사람이 정당하며 적당하다고 여기는 것을, 아무런 방해나 주저 없이, 단도직입적으로 할 수 있는 데 있다네." Ebd., S. 414.

자발성과 비강제는 사실상 교육의 핵심 덕목이면서 동시에 모든 예술적 경험에서 나타나는 특징이기도 하다. 예술은, 적어도 훌륭한 예술 작품은 아무런 주장이나 강요 없이 사람의 감성에 호소하기 때문이다. 예술은 우리가 품고 있는 어찌할 바 없는 그리움의 "가장 기품 있는 해석자"라고 괴테는 쓴 적이 있다.[70] 숙부가 들려준 합창에 그녀가 감동하는 것도 그런 이유에서다. 그것은 연습을 통해 도달한 조화로운 통일감 속에서 인간의 가장 깊은 감각에 호소하고, 이 호소를 통해 잠시나마 신과 닮았다는 것을 느끼게 해주기 때문이다. 그래서 그녀는 그 음악이 "이른바 교화적 요구 없이 나를 가장 정신적으로 고양시켜서 행복하게 해주었다"고[71] 고백한다.

그러므로 배움의 길에서 자기 행복을 결정하지 못한 채 강제와 강요만 작용한다면, "차라리 조국도 부모도 그리고 친구도 버리고, 낯선 곳에서 빵을 벌면서 살겠다"고 그녀는 선언한다. 그렇다는 것은 조국이나 부모 혹은 친구보다 더 중요한 것은 자기

---

70 "자연은 자신이 가진 아름다움의 공공연히 확실한 비밀을 펼쳐 보이기 때문에, 인간은 가장 기품 있는 해석자로서의 예술에 대한 어찌할 바 없는 그리움을 느끼지 않을 수 없다." Johann Wolfgang von Goethe, *Wilhelm Meisters Wanderjahre*, *Goethes Werke*, *Hamburger Ausgabe in 14 Bde*, Bd. VIII, hrsg. v. Erich Trunz, 11 Aufl. München 1982, S. 229.

71 Johann Wolfgang von Goethe, *Wilhelm Meisters Lehrjahre*, a. a. O., S. 411.

결정의 권리를 보장하는 일이라는 뜻이 된다. 혹은 그것은 삶의 자발성을 존중하고 여하한의 강제성을 거부하는 일이다. 이것은 두 가지로 구체화된다.

첫째의 구체화 형식이 사회적 제도적 구비라면, 두 번째의 구체화 형식은 개인적 인격적 실현이다. 앞의 것은 정치 법률적 행정적으로 구현될 것이고, 뒤의 것은 개인의 노력을 통해 이뤄질 것이다. 이른바 '세계 시민(Weltbürger)' 개념은 이렇게 나온다. 이 것은, 『빌헬름 마이스터의 수업시대』에서 보면, '아름다운 영혼'을 가진 그녀의 여동생이 아이를 낳았을 때, 그녀 아버지가 이 아이에게 바람으로 남기는 말 – "새로운 세계 시민의 자질이 행복하게 형성되었으면 한다"는 말에서 나타난다.[72]

어떻든 교양교육에서 핵심적인 것은 소극적으로 말하면, "자기 자신과의 영원한 불일치", 혹은 "규칙적 자기 활동과 결합될 수 없는 뭔가"를 피하는 일이다. 다시 적극적으로 말하면, 그것은 "자기의 내적 도덕적 본성"과의 일치 속에서 살아가는 일이고, 이렇게 살아가기 위해 "결단"하는 일이다. 이 결단을 위해서는 두 가지 – "보다 섬세한 감성"과 "도덕적 문화를 추구하는 정신"이 필요하다.[73]

---

72 Ebd., S. 413.
73 괴테는 이 숙부의 입을 빌려 쓰고 있다. "도덕적 문화(교양)을 추구하는 정신은

올바른 교양교육을 위해서는 자기 본성과의 일치를 도모하고, 이 일치의 삶을 위한 결단이 필요하다. 아마도 이것은, 앞서 언급한 말을 다시 되풀이하면, '보다 섬세한 감성과 도덕적 교양 정신 사이의 균형 의식'에서 가능하게 될 것이다. (이 숙부가 가장 질타한 것은 개인적 오만과 배제적 편협성이었는데, 이것은 바로 괴테의 입장이기도 할 것이다) 이것이야말로 인간에게서 '가장 존경스런 일'이기 때문이다. 그리고 이것은 무엇보다 행복을 위한 길이다.

원칙 ②: "삶을 생각하라"

빌헬름이 여러 가지 체험과 방황 끝에 이런 깨달음에 이르게 된 것은 그가 좋아하게 된 나탈리에의 숙부(Oheim)의 고풍스런 저택에서였다. 그는 많은 미술품들이 전시되어 있는 이 집에서 알 수 없는 편안함과 기쁨을 느낀다.

그런데 이 작품들은 놀랍게도 빌헬름의 조부가 애지중지하며 소장했던 것이기도 했다. 그러다가 이런저런 사연을 거쳐 그 것들은 이 저택으로 옮겨져 온 것이다. 그리하여 빌헬름이 나탈리에 숙부의 저택 한 구석에 놓인 한 석관에서 "삶을 생각하라

그 자신의 보다 섬세한 감각성을 동시에 연마할 필요가 있습니다. 그렇지 않으면, 그는 고비 풀린 공상의 유혹에 빠져, 더 나쁜 것은 아니라 해도, 몰취미한 장난거리에 대한 쾌락 때문에 자신의 고귀한 본성을 더럽히게 됩니다." Ebd., S. 408.

(Gedenke zu leben)"고[74] 쓰인 두루마리를 발견하는 것은 자연스러운 것인지도 모른다. 그의 조부가 그토록 중요한 가치도 "삶의 기쁨(Lebensfreude)"이었기 때문이다.[75]

'삶을 생각하고' '삶의 기쁨'을 말한다는 것은 무엇일까? 그것은 우리가 누리는 것, 매일 매순간 느끼고 생각하고 말하고 행동하는 모든 것을 포괄한다. 그것은 어떤 정해진 하나라기보다는 어떤 분위기고 기운에 가까우며, 그래서 그것은 일정한 맥락과 전체에 닿아있다. 이 전체를 묘사하기 위해 괴테는 '공간'을 끌어들인다. 공간 속에서 분위기와 기운의 모든 것이 가장 잘 느껴질 수 있기 때문이다.

"이것이 뭘까요? 인간의 사건과 운명이 우리에게 불러일으키는 모든 공감에서 벗어나 또 모든 의미와 무관하게, 이토록 강력하면서도 동시에 부드럽게 내 마음을 사로잡는 것은 무엇일까요? 그것은 전체로부터 얘기하고, 모든 개별적 부분으로부터도 말을 겁니다. 내가 그 전체를 파악하지 못하고, 또 이 세세한 부분을 내 것으로 만들지 못한다고 해도 말이지요! 이 면(面)들과 선들, 이 높이와 넓이, 이 부피와 색채들에서 나는 얼마나 마력을 느끼

---

74 Ebd., S. 540.
75 Ebd., S. 519.

는지! 이 형태들은 잠시 보기만 해도, 하나의 장식물로서 우리를 기쁘게 하지요? 그래요, 우리는 여기 머무르고 쉬면서 모든 것을 눈으로 파악하고 스스로 행복해지면서, 눈앞에 있는 것과 전혀 다른 무엇을 느끼고 생각할 수 있다고 나는 생각합니다.'

확실히 그렇다. 모든 것이 얼마나 행복스럽게 배치되어 있고, 모든 것이 각 자리에서 결합과 대립을 통해, 또 단채색이나 다채색을 통해 어떻게 꼭 그렇게, 마치 그렇게 나타나야 하는 것처럼 나타나는지, 그래서 그리 완벽하면서도 분명한 작용을 일으키는지를 내가 묘사할 수 있다면, 우리는 독자를 하나의 자리로, 곧장 떠나기를 바라지 않을 그런 자리로 옮겨놓을 수 있을 텐데…"[76]

우리는 가끔 '전체성의 감각' 혹은 '전체성의 체험'을 말하곤 한다. 그러나 이 전체성을 어떻게 감각적으로 체험할 수 있는지를 묘사하기란 쉽지 않다. 이 전체성의 느낌을 위 구절만큼 생생하게 드러내주는 예도 드물지 않나 싶다.

그것은 대상이 사물이든 어떤 장소든, "전체로부터 얘기하고, 모든 개별적인 부분으로부터도 내게 말을 건다." 우리가 그때그때 "그 전체를 파악하지 못하고, 또 이 세세한 부분을 내 것으로

---

76 Ebd., S. 541.

만들지 못한다고 해도" 그것은 우리가 보고 있는 대상에서 느끼는 것이면서, 이 대상이 가진 모든 속성들, 말하자면 "면(面)들과 선들, 이 높이와 넓이, 이 부피와 색채들에서" "마력을 느끼는" 것과 같다.

전체성의 체험이 있기 위해서는 우선 전체성을 느끼는 감각이 있어야 한다. 나는 앞에서 '보편적 생명 감각'을 말한 적이 있지만(3 괴테적 교양 세계, 1) "내적 소명", "불꽃", "전체"), 이 감각은 아무렇게나, 또 누구에게나 자동적으로 찾아드는 게 아니다. 전체성의 감각은 뛰어난 작가나 예술가에게 찾아드는 희귀한 재능이다. 그리하여 전체성의 체험은 외적/대상적으로 주어지는 것이면서 '동시에' 내적/주체적으로 느껴지는 종류의 것이다.

그러므로 전체성의 감각은 뛰어난 예술가-괴테처럼 사물을 전체적 맥락 속에서, 그 면과 선과 높이와 넓이 그리고 부피와 색채 속에서 느끼려고 하고, 느낄 수 있고, 또 느끼게 되어 있는 사람들에게나 가능하다. 뛰어난 예술 감각이란 전체의 감각이고, 전체성에 대한 감각이며 전체성에 열린 감각이다. 그 때문에 그의 예술적 감수성은 "모든 것이 얼마나 행복스럽게 배치되어 있고, 모든 것이 각 자리에서 결합과 대립을 통해, 또 단채색이나 다채색을 통해 어떻게 꼭 그렇게, 마치 그렇게 나타나야 하는 것처럼 나타나는지, 그래서 그토록 완벽하면서도 분명한 작용을 일으키는지를" 마침내 "묘사할 수" 있다. 빌헬름이 가슴에 품고 다니는 이른바 '수업증서(Lehrbrief)'의 내용도 바로 예술 감각(Kunstsinn)의 형성에 관한 것이었다.

원칙 ③: 제 발로 걷다

『빌헬름 마이스터의 수업시대』 마지막에는 이른바 '탑의 결사(Turmgesellschaft)'에 대한 설명이 여럿 나오는데, 그 중 하나는 이렇다. 그것은 교양교육을 위한 몇 가지 원칙들로 읽어도 좋을 것이다.

"우리는 우리 자신의 눈으로 보고, 우리가 지닌 세계 인식의 문서 보관소를 우리 스스로 만들고자 했습니다. 그래서 때로는 우리 스스로 쓰기도 하고, 때로는 다른 사람으로 하여금 쓰게도 하여 수많은 고백록이 나오게 되었습니다. 그리고 여기로부터 나중에 '수업시대'가 짜여졌지요. 그러나 모든 사람들이 자기를 형성하는 것은 아닙니다. 많은 사람들은 그저 건강하기 위한 민간요법이나 돈벌이나 온갖 종류의 행복을 위한 방법만 바랄 뿐이지요. 제 발로 똑바로 걸으려 하지 않는 이 모든 사람들은 신비로운 말이나 그 밖의 요술 주문으로 막거나 내쳐버리기도 했습니다. 자신이 왜 태어났는지를 생생하게 느끼고 분명히 알게 된 사람, 즐겁고 가볍게 자기 길을 갈 수 있기 위해 충분히 단련한 사람은 이미 우리의 방식에 따라 이 수업에서 면제해 주었습니다.[77]

1800년 무렵 "많은 사람들은 그저 건강하기 위한 민간요법이나 돈벌이나 온갖 종류의 행복을 위한 방법만 바랐다". 이것은 21세기인 오늘날에도 크게 다르지 않아 보인다. 매일매일의 신문방송과 케이블 TV의 홈쇼핑 광고를 떠올려보자. 거기에는 수없이 많은 종류의 옷과 물품과 건강제와 강장제를 선전한다. 이들의 문제는, 줄이자면, "제 발로 똑바로 걸으려 하지 않"으려는 데 있다고 말할 수 있을지 모른다. 그러니까 핵심은 자립하려는 마음이고 의지다. '수업시대'에서의 교양과 교육의 훈련은 바로 이런 자립적이고 주체적 의지의 표현이다. 그 방법은 물론 다양할 수 있다.

위에서 괴테는 어떤 다른 누구의 경험이 아니라 자기 자신의 경험을 기록하기를 권하고 있지만, 그 종류가 무엇이든, 그것은 매일 매순간을 연습하고 연마하는 데 있다. 그러나 교양교육에서 연습이 강조된다고 해서 나날의 삶이 그런 훈련으로만 채워져야 하는 것은 아니다.

---

77 Ebd., S. 549f.

앞에서 우리는 교양교육에서의 가장 중요한 원칙으로 '자발성'을 여러 차례 강조했다. 그것은 물론 교육 과정 상의 있을 수 있는 억압성을 피하기 위한 것이었다. 강제나 강요는, 아무리 옳은 것이라 해도 권장할 만한 가치가 아니다. 그것은 교육의 가장 중대한 원칙을 거스르는 반교육적 조처일 수도 있다. 그러나 그렇다고 원칙이나 규칙, 혹은 더 넓게 말하여, 일관성이나 엄격성이 교육에서 없어도 되는 것은 아니다. 오히려 정반대다. 자유나 자발성을 강조할수록 엄격한 기율(紀律/discipline)은 절대적으로 필요하다. 하나의 목표나 당면 가치가 아닌 '삶의 전체성'을 강조한 것도 같은 맥락에서다. 이 전체성은 '삶의 기쁨'까지 포함한다. 기율이 있되 유연해야 하는 것이다. 괴테는 『빌헬름 마이스터의 수업시대』의 한 곳에서 "유머야말로 모든 손님 가운데 가장 유쾌한 손님"이라고 썼다.[78]

괴테는 『빌헬름 마이스터의 수업시대』 마지막에서 '탑의 모임'을 거점으로 "하나의 클럽(Sozietät)"를 조직하여, 이 조직을 세계 각지로 확대하고, 이 조직 안으로 세계 각지의 사람들이 가입하도록 만들어 "어떤 보편적 감각(einen gewissen allgemeinen Sinn)"과 "공동체적 감각(der gesellige Sinn)"을 키우자고 제의한다.[79] 이 보편

---

78 Ebd., S. 555.
79 Ebd., S. 564.

적이고 공동체적인 감각은, 『빌헬름 마이스터의 편력시대』에서
는 '세계 동맹(Weltbund)'이라는 개념과 이어지는데, 이 세계 동맹
의 한 중요 원칙은 이렇다. "어떤 일관된 것을 바깥에서 찾는 것
이 아니라 자기 자신 안에서 찾는 것, 이 안에서 그것을 발견하
고 사랑으로 품고 가꾸는 것"이다.[80] 이 원칙 아래 탑의 결사 사
람들은 "나에게 편안한 곳이 나의 조국이다!", 혹은 "내가 쓸모
있는 곳이 내 나라다!"라는 모토 아래 살아간다.[81]

이제 남은 것은 무엇인가? 이후 미뇽은 갑작스레 세상을 떠난
다. 그녀가 죽은 것은 두 가지의 감정 – 고향에 대한 그리움과 빌
헬름에 대한 애정 때문이었다. 다시 말해 먼 곳에의 그리움과 사
랑이야말로 그녀를 살아가게 만드는 것이면서 죽어가게 한 것
이다. 삶의 한편으로 결핍과 누락이 있고, 다른 한편으로 이 결
여된 것에 대한 욕망과 갈구가 있다. 우리가 삶을 살아가는 것은
이 결핍 때문이고, 이 결핍을 채우고 해결하기 위해서다. 교육과
교양의 과정도 다른 무엇이 아니라 이 결여된 것, 그래서 그리워
하는 것을 채우고 지금 여기로 끌어들이고, 그래서 만들고 실현
시키는 일이다.

미뇽의 죽음 이후, 빌헬름은 아우렐리에가 키우던 펠릭스가

---

80 Johann Wolfgang von Goethe, *Wilhelm Meisters Wanderjahre*, a. a. O., S. 391.

81 Ebd., S. 386.

자신의 아들임을 알게 된다. 그 후 미뇽 곁에 언제나 머물던 하프 켜는 노인은, 어느 날 펠릭스가 죽자, 자기 잘못으로 펠릭스가 죽었다고 착각하고 자살하고 만다. 이 노인은 사실 미뇽의 아버지이기도 하다. 어느 날 한 후작이 나타나서 이 노인의 동생이라고 밝히면서, 그동안 자신의 조카딸 미뇽을 돌봐준 빌헬름에게 미뇽의 유산을 주겠다고 말한다. 그러자 테레제는 "사욕이 없는 선행이야말로 가장 높고 아름다운 이윤을 가져온다"고 말한다. 여기에 대해 빌헬름은 응답한다. "이 세상에서 자기의 의지에 따라 애쓰는 것은 부질없습니다. 내가 붙잡고자 바란 것을 나는 내버려두지 않을 수 없고, 그렇게 되면 내가 받을 자격도 없는 친절이 밀려옵니다."[82] 이것은 체념의 태도다.

그러므로 선행은, 그것이 행해져야 한다면, 아무것도 바라지 않는 상태에서 행해져야 한다. 그런 점에서 그것은 '체념'을 동반한다. 그러나 이 체념 속에서 바라지 않는, 때로는 스스로 자격도 되지 않는 친절과 은혜가 베풀어지기도 한다. 중요한 것은 말없는 선행이고, 아무것도 바라지 않는 선의의 실천이다. 말이 아니라 실행이고, 외양이 아니라 토대가 삶을 끌고 간다. 세상 사람들의 명성이나 속된 취미가 아니라, 각 개인이 개체적으로

---

82 Johann Wolfgang von Goethe, *Wilhelm Meisters Lehrjahre*, a. a. O., S. 594f.

자기 삶을 만들어가고, 전체적으로 문화의 바탕을 튼실하게 하는 것이다.

원칙 ④: "날마다 한 번쯤"

빌헬름의 출생 환경은 본성의 조화로운 형성을 허락하지 않는다. 그러나 그는 이 본성의 형성에 대한 강한 갈망을 느낀다. 이러한 갈망은 그의 타고난 성향이기도 하다. 그래서 그는 연극뿐만 아니라 연극과 관련된 모든 것에 호기심을 느끼고, 이 모든 것에서 좋고 아름다운 것을 찾아내며, 이 아름다운 것에 기대어 자신의 정신과 취향을 만들어가고자 애쓴다.

이 교육 과정에서는 일정한 단계와 절차 그리고 규칙이 필요하다. 그것은 갈망하거나 의도한다고 하여 자동적으로 되는 것이 아니기 때문이다. 오히려 그것을 제대로 행할 수 있는 사람은 그리 많지 않다고 괴테는 지적한다. "교육에 대해 그리도 많은 것이 얘기되고 쓰기도 합니다. 하지만 이 모든 것을 포괄하는, 단순하나 위대한 개념을 이해하고 실행에 옮길 수 있는 사람은 아주 적습니다."[83] 또 "설령 한 나라가 좋은 예술 작품을 만들어 낸다고 해도, 그 나라 국민 모두가 훌륭한 것도 아니다." "그렇

---

83 Ebd., S. 121.

게 많은 걸작을 내놓을 수 있는 나라의 사람들이 편견과 속 좁음 때문에 잘못된 판단을 내리게 되는 것은 아주 흔한 일이지요." [84]

빌헬름의 경우 그의 교육 과정은 지금껏 보아왔듯이 많은 사람들과의 관계 속에서 이뤄진다. 누구를 만나든, 또 무엇을 읽든 그는 쉼 없이 기록한다. 그가 만난 사람이나 이들과 행한 대화, 이때 들은 타인의 견해나 자기 생각을 그는 빠짐없이 적고 모아서 성찰의 자료로 삼는다.

그러나 빌헬름의 주된 교육은 극단에의 참여를 통해 이뤄진다고 할 수 있다. 그의 참여는 배우로서만 일어나는 게 아니다. 그는 작품을 기획하고 연출하기도 한다. 또 어떤 작품에 나오는 인물과 사건, 성격과 운명에 대해 단원들과 이런저런 토론을 하기도 한다. 레싱의 『에밀리아 갈로티』의 경우, 여기에 나오는 왕자의 역할을 그는 몇 달 동안 연구한다. 배우에게 중요한 사항들, 이를테면 또박또박 분명하게 말하고 목소리의 크기를 적당하게 조절하며 가장 격렬한 대목에서도 지나치게 소리지르지 않는 것도 이런 토론에서 배운 결과다.

빌헬름은 마침내 『햄릿』을 번역하고 각색하여 무대에 올린다. 이 공연은 전례 없는 찬사를 받는다. 말하자면 빌헬름의 셰익스

---

84 Ebd., S. 254.

피어 작품과 만나 그 모든 문제의식을 자기 나름으로 시연(試演)해 보는 것이다. 그리하여 그것은 그 자체로 감정과 이성의 교육 과정이 아닐 수 없다.

이런 교육 과정에 대하여 제를로의 언급은 보다 구체적이다. 그의 연극적 열정은 『빌헬름 마이스터의 수업시대』에 등장하는 모든 인물들을 통틀어 주인공 빌헬름만큼이나 강하다고 할 수 있다. 그 때문인지 연극에 대한 그의 열정이나 예술에 대한 생각 중에는 새겨들어야 할 말이 많다. 그 중에는 아래 구절도 있다.

> "인간은 저속한 것에 자신을 넘겨주기 쉽고, 아름답고 완벽한 것을 받아들이는데 쉽게 둔감해집니다. 그러니 그런 것을 느끼는 능력을 어떤 식으로라도 자신에게 유지해야 합니다. 왜냐하면 그러한 향유 없이는 누구도 살 수 없기 때문입니다. 어떤 것이 그저 새롭기만 하면 많은 사람들이 어리석고 몰취미한 것에도 만족을 느끼게 되는 이유는 단지 좋은 것을 향유하는데 익숙지 않기 때문입니다. 그러므로 사람은 매일 적어도 짧은 노래를 듣거나 좋은 시를 읽거나, 아니면 뛰어난 그림을 보아야 하고 가능하다면 적어도 몇 마디 이성적인 말도 해야 합니다."[85]

---

[85] Ebd., S. 283f. 퇴계 이황이 나이 50에 은퇴하여 쓴 '퇴계(退溪)'라는 시에도 '날마다 돌이켜 본다'는 표현이 나온다. "몸은 은퇴하여 어리석은 분수에 편안

위 인용의 핵심은 '좋은 습관'의 유지다. 우리가 "어리석고 몰취미한 것에도" 그저 그것이 "새 것"이라는 이유로 "만족을 느끼는 이유는", "어떤 좋은 것을 향유하는데 익숙지 않기 때문"이다. 그러므로 우리는 "저속한 것에 자신을 넘겨주"지 말아야 한다. 그래서 "아름답고 완벽한 것"을 "느끼는 능력을 어떤 식으로라도 자신에게 유지해야" 한다.

그리하여 "사람은 매일 적어도 짧은 노래를 듣거나, 좋은 시를 읽거나 아니면 뛰어난 그림을 보아야 하고, 가능하다면 적어도 몇 마디 이성적인 말도 해야 합니다." 이것은 괴테가 이 글을 쓴 이후 200여년이 지난 오늘날에도 옳은, 평범하면서도 깊은 통찰이 아닐 수 없다.

5) 괴테적 교양 개념의 한계

이런 통찰에도 불구하고 몇 군데에서, 이를테면 신분적 한계와 그로 인한 차별에 대한 괴테의 인식은 그리 예리하다고 말하

하건만(身退安分)/학문은 후퇴하니 늘그막에 근심이 되는구나(退憂暮境)/시내 위에 비로소 자리잡고 살면서(溪上始定居)/흐르는 물에 날마다 돌이켜 보네(臨流日有省)", 『퇴계집』, 장기근 역저, 61쪽.

기 어렵지 않나 여겨진다. 그것은 현 상태를 다각도로 분석하기보다는 있는 그대로 받아들이는 쪽이기 때문이다. 그는 빌헬름의 입을 빌어 이렇게 쓴다.

> "이런 차별이 생긴 것은 귀족이 오만해서가 아니라, 또 시민이 굴종적이어서가 아니라 사회의 헌법 때문이네. 나는 그것에서 무엇이 바뀔 것인지 또 무엇이 바뀔 것인지에 대해 관심없네. 사태가 어떻게 되든지 또 나 자신과 나의 불가결한 욕구를 어떻게 채우고 얻을까만 생각하면 되네."[86]

귀족과 시민 사이의 차별이 '사회적으로 조건지어져 있다'거나, 혹은 '역사적으로 형성된' 것으로 괴테는 생각하지 못한다. 그는 신분적 구분이 "사회의 헌법(Verfassung)"이라고 여기기 때문이다. 이때 'Verfassung'이란 헌법 이외에 '상태'라는 뜻도 갖는다. 그러니까 빌헬름은 신분적 구분을 '주어진 사회의 상태'로 간주한다. 바로 이런 이유로 그는 자신의 문제의식을 이 제도의 변화 가능성, 나아가 그 개선과 혁파의 방향이라는 지점까지 밀고가지 못한다. 그렇게 하기에 그의 시각은 너무 현실 순응적이

---

86 Johann Wolfgang von Goethe, *Wilhelm Meisters Lehrjahre*, a. a. O., S. 291.

지 않나 여겨진다.

그러나 신분적 차별에 대한 괴테의 시각은 다른 한편으로 '전체적'이기도 하다. '전체를 본다'는 것은 무슨 뜻인가? 그것은 해당 사안의 여러 조건과 그 맥락을 보려 한다는 뜻이다. 그렇다는 것은 하나의 개별적 대상 속에서 이 대상이 관계하는 다른 대상들 - 한 대상을 위아래와 더불어 앞과 뒤에서도 에워싸고 있는 다른 요소들을 동시에 파악한다는 것이다. 이런 전체적 파악에 대한 좋은 비유가 있다.

"하나의 향연이 열릴 수 있기 위해서는 자연과 기술, 거래와 노동과 영업이 얼마나 다같이 만들어 내어야 하는지 생각해 보세요. 우리 식탁에 오르기까지 사슴은 숲속에서, 물고기는 강이나 바다에서 얼마나 많은 해를 보내야 합니까? 게다가 주부나 요리사는 모든 일을 부엌에서 하지 않나요! 우리는 아주 먼 곳에 있는 포도 재배자나 뱃사공 그리고 술 창고 관리자의 근심은 아랑곳하지 않은 채, 이 모든 것을 저녁식사에서 먹어치우지 않나요? 이 모든 즐거움이 결국 일시적이라고 해도, 이 모든 사람이 일하고 만들고 준비하지 않아도 될까요? 그 집주인이 모든 것을 신경 써서 모으고 보관해두지 않아도 될까요? 하지만 어떤 즐거움도 일시적이지 않습니다. 왜냐하면 그 즐거움이 남긴 인상은 남아있기 때문이지요. 우리가 부지런하게 노력한 것은 관객 자신에게도 보이지 않는 힘을 줍니다. 그 힘이 어떤 영향을 줄지 우리가 알 수 없다 해도 말이지요."[87]

그러니까 전체를 고려한다는 것은 포도주로 비유하자면, 포도와 포도 재배자 그리고 술 창고지기를 떠올린다는 뜻이고, 물고기에 적용한다면 바다와 어부, 판매상과 주부 그리고 집주인의 보관을 떠올린다는 뜻이다. 모든 사안에는 그 앞과 뒤, 위와 아래, 다시 말하여 구조와 맥락이 있는 것이다. 대상의 전체를 생각한다는 것은 그 짜임새와 구조, 맥락과 배치관계를 떠올린다는 뜻이다.

이런 점에서 귀족과 시민의 신분적 차이와 관련하여 "사회의 헌법" 혹은 "상태"를 거론한 괴테의 생각은 삶의 전체적 정황과 그 조건을 지적한 것이라고 볼 수도 있다. 한 사회의 법률적 조건과 현실 상태의 개선 없이 신분적 특혜는 철폐되기 어렵다. 이 점에서 그의 관점은 이미 언급한 순응적 보수적 한계에도 불구하고, 이해할 수도 있다.

---

87 Ebd., S. 316.

5 체념과 싸움 - 중간 결론

「아름다운 영혼의 고백」이 실린 6부 이후의 이야기는 다음과 같이 전개된다. 빌헬름은 아우렐리에가 한 때 사랑했던 로타리오를 만나 여러 얘기를 나눈다. 그리고 테레제라는 여성을 만나고 그녀의 실천적 생활력에서 그는 깊은 인상을 받고 사랑도 느낀다. 그 후 마리아네가 자기를 기다리다가 죽었으며, 펠릭스가 아우렐리에의 아들이 아니라 자신의 아들임을 알게 된다. 그는 결국 연극 무대를 떠나 펠릭스를 키우며 살아가기로 다짐한다. 이때 이후의 대화에서는 '체념'이나 '성격', '포용'과 '자기 망각'이란 단어가 자주 나온다.

1) 혹독한 삶의 학교에서

이 많은 주제 가운데 핵심은 '체념(entsagen/Entsagung)'이라는 말이다. 괴테의 나이 80세 때 완성한 『빌헬름 마이스터의 편력시대』의 부제는 바로 '체념하는 사람들(Die Entsagenden)'이다. entsagen이라는 말은 흔히 '체념하다' 혹은 '단념하다'는 말로 번역되지만,

이렇게만 번역할 경우 자포자기한다는 뜻으로 간주하기 쉽다.

그러나 이런 뜻만 있는 게 아니다. 여기에서 포기한다는 것은 무엇보다 세속적 권리다. 더 구체적으로 말하면, 돈이나 재산 혹은 명예와 같은, 세상 사람들에 의해 높이 평가되는 사항들이다. 그러나 다른 한편으로 체념 혹은 포기의 대상은, 일반적으로 보면, 술이나 악습 혹은 쾌락이기도 하고, 그래서 '현실로부터 물러난다'는 함의를 갖는다. 체념한다는 것은, 적극적으로 말하면, 세속적 욕망이나 명성으로부터 거리를 둔 채, 있는 그대로의 자연과 본성에 따라 사는 것을 말한다. 이것은 서로 모순되는 두 가지의 요구다. 그것은 한편으로 자유를 허용하는 것이지만, 그러나 그렇게 허용된 자유는 일정한 제약을 전제하기 때문이다. 그리하여 체념의 의식은 자유와 제약, 욕망과 제어 사이에 자기 이반적으로 자리한다.

『빌헬름 마이스터의 편력시대』에 나오는 '탑의 결사(Turmgesellschaft)'라는 단체의 규약에도 체념적 성격이 들어있다. 이 단체에 들어와서 교양교육을 배우려면 다음 조건이 붙는다. "우리와 같이 생활하려는 사람은 누구나, 다른 한편으로 보다 큰 자유를 누리려면, 한편에서의 제약을 받아들여야 합니다."[88]

---

[88] Johann Wolfgang von Goethe, *Wilhelm Meisters Wanderjahre*, a. a. O., S. 353.

이 제약은 어떤 참되고 선한 것 – 보다 나은 것에 이르고자 하는 정열이고, 이 정열을 통해 자신을 연마시키려는 교양적 의지다. 빌헬름도 '한 곳에 사흘 이상 머무르면 안 된다'는 서약을 지키면서 펠릭스와 함께 배움의 길을 걷는다. 그리하여 체념의 사고는 일종의 윤리론이나 운명론이 되고, 이 운명론은 인생론으로 수렴된다. 체념이 삶에 대한 윤리적 태도이자 가치관이 되는 것은 이런 맥락에서다.

왜 체념이 하나의 가치로 강조되는 것일까? 그것은, 간단히 말해, 진선미 같은 좋은 말이 실제로 현실에서 실현되기 어렵기 때문일 것이다. 빌헬름은 말한다. "모든 인간은 아주 편협하기 때문에, 다른 사람을 자기 틀에 맞춰 교육시키려하지요. 그러니 운명을 받아들이는 사람이 행복합니다. 운명은 모든 사람을 각자의 방식대로 가르치니까요."[89]

빌헬름은 자신이 만난 여러 인물 가운데 특히 생활력이 강했던 테레제를 이런 이유로 칭송한다. "그 모든 것에 대하여, 자기 자신의 운명과 하나가 되기 위해 이전의 온전한 삶도 내던져버리지 않는 사람은 행복하다네."[90] 그만큼 행복한 사람의 삶은 변화에 민감하지 않고 일관되다는 뜻이다. 『빌헬름 마이스터의 수

89 Johann Wolfgang von Goethe, *Wilhelm Meisters Lehrjahre*. a. a. O,. S. 121.
90 Ebd., S. 459.

업시대』 첫 부분에서 괴테는 '체념'의 의미를 첫 사랑과 관련하여 이렇게 설명한다.

> "소수의 사람만이 그렇게 뛰어난 혜택을 받는다. 그에 반해 대부분의 사람들은 이전 감정으로부터 오직 혹독한 학교에 의해 이끌리는데, 이 가르침 속에서 그들은 궁색한 즐김 이후 어쩔 수 없이 최고의 갈망을 체념하고, 그들에게 최고 행복으로 어른거리던 것을 영원히 포기하는 걸 배운다."[91]

여기에서 핵심은 체념과 관련된 가르침이다. 괴테에 의하면 첫 사랑에서 행복을 느끼는 사람은 극소수에 불과하다. 대부분의 사람들이 경험하는 경로는 "궁색한 즐김 이후" "최고의 갈망을 체념하고", "최고 행복으로 어른거리던 것을 영원히 포기하는 걸 배우는" 일이다. 이런 가르침을 주는 것은 그 자체로 "혹독한 학교(harte Schule)"가 아닐 수 없다. 삶은 갈망의 포기와 체념을 가르치는 '혹독한 학교'일 뿐이다.

교양과 배움은 중요하다. 그러나 모든 것을 이념으로 돌린 채, 대상에는 조금 주의하거나 전혀 신경 쓰지 않는 것도 곤란하다.

---

91 Ebd., S. 14.

이것은 교양 있는 인간의 가장 흔한 약점이기도 하다. "가장 가까이 있는 것이 가치 있고 소중하다"고 로타리오가 말하는 것은 그런 이유에서일 것이다.[92] 이런 관점에서 보면, 체념의 정신에서 포기하는 것은 세속적 욕망의 목록 - 돈과 명예와 지위일 뿐, 삶의 가치의 전체는 아니다. 오히려 체념의 정신은 세속적 욕망을 포기하는 가운데 최고의 갈망, 최고의 행복은 끝까지 견지하려는 자세라고 해야 한다.

그리하여 체념하는 마음은은 여하한의 세속적 기준을 넘어 보다 높은 이념을 실현시키기 위한 실천의 태도가 아닐 수 없다. 그 속에는 '더 나은 것', 말하자면 참되고 선하고 아름다운 것에 대한 고귀한 추구 의지가 있다. 그런 점에서 그것은 '윤리적'이다.

2) 조야함과 싸워야 한다

거듭 말하여, 체념을 강조한다고 하여 자포자기나 패배가 칭송되는 것은 아니다. 앞서 보았듯이, '보다 나은 것을 향한 추구와 고귀한 탐색'은 『빌헬름 마이스터의 수업시대』에서 시종일관

---

92 Ebd., S. 431.

강조되는 교육적 덕목이었다.[93] 우리는 앞에서 더 나은 것을 향한 추구 자체가 고귀하고 기품 있는 삶의 윤리적 태도라고 강조했다. 이른바 '아름다운 영혼'이란 이런 태도를 체화한 인물이었다.

이런 인물로는 미뇽 이외에 한 사람 – 나탈리에의 이모가 거론된다. 빌헬름은 이 이모의 수기를 읽고 난 후, 그녀가 "아름답고 훌륭한 영혼"이 아닌가 라고 나탈리에에게 묻는다. 그러면서 그 특징으로 "고귀하고 사랑스런 정서에 어울리지 않는 것은 그 어떤 것도 받아들이지 않는" "본성의 독립성(Selbstständigkeit der Natur)"을 말한다.

여기에 대해 나탈리에는 빌헬름이 누구보다 이모의 아름다운 본성에 대해 옳게 평가하고 있다고 답하면서 이렇게 말한다. "교양 있는 사람이라면 누구나 자기 자신과 다른 사람에게 깃든 얼마만큼의 조야함과 싸워야 한다는 것을, 교양을 얻기 위해 얼마나 많은 것을 지불해야 하는지 압니다."[94] 이것은 빌헬름과 깊게 교감하는 로타리오의 말 – "하나의 교양 있는 인간이 있기까지 자연과 예술은 얼마나 끝없는 작업(Operation)을 해야 하는지"라는 말과도 통한다.[95] 나탈리에가 이런 생각을 가진 것은, 물론 로

---

93 Ebd., S. 531.
94 Ebd., S. 518.
95 Ebd., S. 427.

타리오도 어느 정도 그렇지만, 그녀 역시 '아름다운 영혼'이라는 점을 보여준다.

'아름다운 영혼'에 대해 말하는 사람의 영혼 자체도 얼마간 아름답다. 실제로 로타리오는 여동생 나탈리에가 스스로 성장하고 발전해가는 것에서 그의 이모님만큼이나 고귀한 영혼을 가졌음을 보여준다고 동의한다.

3) 삶 – "그토록 우연적인 선물"

이제 거의 끝 부분에 이르렀다.

『빌헬름 마이스터의 편력시대』의 끝 부분에는, 마치 아직 할 말을 다 못했다는 듯이, '잠언' 형태의 글이 여러 편 달려있다. 그 제목은 「방랑자의 마음에 있는 관찰」이고, 그 부제는 "예술, 윤리적인 것, 자연"이다. 이것은 『빌헬름 마이스터의 수업시대』와 『빌헬름 마이스터의 편력시대』를 완성할 무렵 괴테가 가졌던 관심의 최종 귀결점이 '예술과 윤리 그리고 자연'이었음을 보여준다. 이 관찰에 담긴 글도 주제적으로 여러 종류를 포괄하지만, 오늘의 관점에서 특별히 흥미롭고 의미 있는 것 7가지만 간추려 보자.

① "그런데 너의 의무는 무엇인가? 그것은 매일의 요구다."

② "네가 누구와 교제하고 있는지를 말하면, 네가 누구인지 나는 말해주겠다. 또 어떤 일을 하고 있는지를 내가 안다면, 앞으로 네가 무엇이 될지 나는 알 수 있다."

③ "깊고 진지하게 생각하는 사람은 대중에 비해 불리한 위치에 놓인다."

④ "우리의 정신을 해방시키는 모든 것은, 우리가 자신을 제어하지 않는다면, 해롭다."

⑤ "최고의 행복은 우리의 결함을 고치고, 우리의 잘못을 바로잡는 것이다."

⑥ "어떤 위대한 이념도, 그것이 나타나자마자, 폭군처럼 작용한다."

⑦ "다수파만큼 싫은 것도 없다. 왜냐하면 몇 되지 않는 강력한 지도자와, 잘 적응하는 무뢰한들과, 부화뇌동하는 약자들과, 자신이 무엇을 원하는지도 최소한도 모른 채 뒤쫓아 가는 대중으로 이뤄져 있기 때문이다."[96]

---

96 이것은 모두 『빌헬름 마이스터의 편력시대』 2권 11장에 붙어있는 「방랑자의 마음에 있는 관찰」에 들어있다. Johann Wolfgang von Goethe, *Wilhelm Meisters Wanderjahre*, a. a. O., S. 283–309. 그리고 이것은 3권 18장에 붙어있는 「마카리에의 문고」(같은 곳, 460–486쪽)에 들어있는 잠언들과 통한다.

위의 괴테적 격언들을 더 간결하게 쓰면 이렇게 될 것이다.

① 무엇을 할 것인가? 그것은 매일 요구되는 것이다.
② 누구와 교제하고 무엇을 하고 있는지에서, 내가 누구이고
  앞으로 뭐가 될지 결정난다.
③ 깊고 진지하게 생각하는 사람이 대중과의 불화를 두려워해
  선 안 된다.
④ 진정한 정신의 해방은 정신의 제어에 있다.
⑤ 최고 행복은 결함의 개선과 시정에서 온다.
⑥ 위대한 이념과 그 실현에는 늘 간극이 있다. 이념의 폭군화
  에 주의하자.
⑦ 다수파를 경계하라. 거기에는 무책임한 지도자와 악한과
  생각 없는 대중이 끼어든다.

이것만으로 괴테의 생각은 오늘날에도 유효한 통찰이 아닐
수 없다. 삶은 그 자체로 "하나의 그토록 우연적인 선물(eine so
zufällige Gabe)"이라고[97] 빌헬름이 말했다. 괴테는 운명도 우연한
것으로 보았다.[98] 그러기에 이 우연의 삶을 아무렇게 살 수 없다.

---

97 Johann Wolfgang von Goethe, *Wilhelm Meisters Lehrjahre*, a. a. O., S. 427.
98 Ebd., S. 494.

우리가 해야 할 것은, 삶의 '전체 그림을 그리되'(첫째) – 이념은 이 전체 그림의 기획에서 중요하다 – 이 전체가 아니라 '구체적 대상에 주의하면서'(둘째), 그러나 먼 것이 아니라 '가까운 것부터' 시작하는 것이다. (셋째)

다시 써보자. 우리의 삶을 근본적으로 '우연한 선물'로 간주하면서 자기를 부단히, 살아있는 동안 쉬지 않고, 만들어가는 일이다. 자신의 무엇을 만들어가야 하는가? 그것은, 간단히 말해, 본성의 독립성이다. 고귀함은 감각과 사고의 독립성에서 오는 까닭이다. "본성의 독립성"이야말로 '아름다운 영혼'의 조건이기 때문이다. '본성'이나 '본능', '양심'이나 '내면', 그리고 '성격'과 '인성'은 이전처럼 오늘날에도 중요하다. 그러나 우리는, 괴테와는 다르게, 이 좋아 보이는 것들의 현실적 정합성을 계속 물어보아야 한다.

이러한 장면 속에서 빌헬름은, 마치 아버지의 잃어버린 당나귀 몇 마리를 찾으러 갔다가 이스라엘의 첫 번째 왕이 되는 사울(Saul)처럼(「사무엘」상. 9-10장), 이 다음 여행을 준비한다. 그러면서 마침내 『빌헬름 마이스터의 수업시대』는 끝이 난다.

〔부록〕비판적 논평

『빌헬름 마이스터의 수업시대』를 완간한 것은 괴테의 나이 47살 때인 1796년이었다. 그는 『빌헬름 마이스터의 수업시대』의 끝 부분인 제 8부를 발표할 무렵 그 속편에 대해 언급한다. 그러나 이 속편이 완결되기까지는 30년 이상 걸린다. 그리하여 이 속편은 80살의 노년에 이르러서야 비로소 완성된다.

이 두 편의 '빌헬름 마이스터' 저작은, 오늘날의 관점에서 보면, 너무나 많은 사건과 주제, 다양한 생각과 느낌 그리고 분야로 뒤엉켜 있다. 하나의 일관된 사건이나 줄거리가 있는 것이 아니라, 하나의 사건에 다른 사건이 잇달아 일어나고, 한 인물이 다른 인물과 만나고 얽히면서 또 다른 사건에 쉼 없이 관계한다. 그러면서 관찰과 서술, 현실과 꿈, 기록과 성찰이 교차적으로 전개된다. 사건과 사건의 관계가 불연속적이어서 소설의 전체 구조는 매우 복합적이고 역동적이며 다층적이다.

서사의 이런 복합적이고 이질적인 성격은『빌헬름 마이스터의 편력시대』에 오면, 더욱 심화된다. 여기에서 주인공은 더 이상 마이스터와 그의 아들 펠릭스가 아니라, 차라리 이들이 겪는 갖가지 사건과 그에 얽힌 이야기들이다. 삶의 여러 분야들 – 지질학과 천문학, 해부학과 각종 수공업(방직), 교육과 예술과 노동과 학문과 관련된 이런저런 삽화와 그에 대한 성찰이 소설의 중심을 이루는 것이다. 그런 점에서 괴테의 이 대작은 현대 소설의 성격을 선취한다고 볼 수 있다.

그러나 사건의 전개는, 그것이『빌헬름 마이스터의 수업시대』든,『빌헬름 마이스터의 편력시대』든, 전체적으로 지루할 정도로 느리고, 그 묘사 언어는, 적어도 현대의 비평 의식에서 보면, 대체로 평이하고 때로는 둔탁하다. 그러면서도 작품의 곳곳에는 괴테 특유의, 말하자면 가치의 보편성을 믿고, 전체성에 대한 예감을 가진 채, 인간성의 이념을 현실과 경험 속에서 실현하고자 탐색하는 어떤 전인적 정신의 놀라운 자취를 느낄 수 있다. 그리하여 나는 여러 번이나 '역시 거장은 거장'이라고 토로하지 않을 수 없었다. 그러나 그럼에도, 전체적으로 보아, 소설의 언어가 더 축약되고, 그 서술의식이 더 예리하며, 그 서사구조가 더 밀도 높았으면 하는 아쉬움도 가시지는 않았다.

이번에 나는 이 글을 준비하면서 대학시절 이래 처음으로 다시 이 두 작품을 꼼꼼하게 읽었다. 흔히 '함부르크 판(Hamburger Ausgabe)'이라고 불리는 새 편집본(1981년)으로 읽었는데, 이것은 두 권 분량으로 본문만 모두 1100쪽에 달하는 것이었고, 논평까지 포함하면 모두 1500쪽에 달하는 두터운 작품이었다.

이 작업에서 나는 크게 두 가지에 유의했다. 첫째는 문헌적으로 최대한 꼼꼼하고 정밀하게 읽는 것, 둘째는 이렇게 읽은 내용은 '교양과 수신'이라는 이 강연의 관점에 따라 새롭게, 그러니까 기존의 해석에 연연함 없이 내 나름으로 재구성하는 것. 그리하여 이 두 원칙 아래 이뤄진 작업에서 나는 '수신과 교양'에 대해 내 나름으로 정리할 수 있지 않았나 여겨진다.

교양 개념은, 이미 적었듯이, 좁게는 독일의 교양소설적 전통에서 핵심이지만, 교양이 교육-형성의 문제로 연결될 때, 그것은 문학 일반의 차원을 넘어 교육 일반의 문제로 확대되고, 더 넓게는 예술과 철학을 포함하는 인문학에서 가장 핵심적인 사안의 하나가 된다. 게다가 교양-교육-형성 개념이 동양의 '수신(修身)' 혹은 '수양(修養)'과 나란히 놓으면, 이 모두가 '개인'이나 '주체', '자의식'과 '자발성', 나아가 '내면성'과 '윤리', 책임과 자유' 등의 이념과 연결됨으로써 동서양 정신사/지성사/철학사가 일궈난 여러 업적들 가운데 가장 빛나는 자산에 대한 논의로 확대되고 심화되는 것이다.

　그러므로 '교양과 수신'이라는 이 글의 주제는 주체의 형성과 교육에 관한, 동서양의 가장 중대한 하나의 문제의식을 비교문학적/비교사상적/비교문화적 관점에서 검토하는 일이 아닐 수 없다. 나에게 이 글은 교양과 수신과 관련하여 겪어야 했던 이런저런 혼란과 시행착오를 재검토하면서 이 주제의 위상을 반성해보는 좋은 기회가 된 듯하다. 또 이러한 문제의식은 지금으로부터 200여년 전 괴테가 어떻게 독일 문학과 문화의 낙후성을 이겨낼 수 있는가를 고민하면서 일궈낸 문제의식과 완전히 무관한 것은 아닐 것이다. 결국 우리는 뛰어난 전통의 비판적 재구성을 통해서만 한 걸음씩 나아갈 수 있는 것이다.

III

퇴계의 『자성록(自省錄)』과 『언행록(言行錄)』

괴테가 『빌헬름 마이스터의 수업시대』에서 펼친 교양교육론
은 동양의 수신론(修身論)에서도, 뉘앙스를 달리하는 채로, 광범
위하게 나타난다. 천지의 본성(天地陰陽論)에 관한 것이건, 세상
의 다스림(經世論)이건, 아니면 이기론(理氣論)이건 간에, 그 바탕
혹은 출발은 수신과 수양에 관한 것이다.

필자는 아래에서 퇴계의 여러 글을 중심으로 하면서, 그러나
이와 관련된 몇 가지 주요 저작들―『논어(論語)』와 『중용(中庸)』
그리고 왕양명의 『전습록(傳習錄)』 등을 참조하면서, 또 앞서 논
의한 괴테의 교양교육적 구상과의 대조적 의미를 염두에 두는
가운데, 수신의 의미를 살펴보고자 한다. 여기에서 퇴계의 여러
글이란 『퇴계전서(退溪全書) 상하(上下)』에 들어있는 「소(疏)」나
「경연일기(經筵日記)」, 「차자(箚子)」, 「서(書)」 등을 포함하고, 그

중심에는 『자성록(自省錄)』과 『언행록(言行錄)』 그리고 말년 대작인 『성학십도(聖學十道)』(1568)가 있다.[99]

동양의 고전은, 잘 알려져 있듯이, 『논어』를 비롯한 사서삼경(四書三經)에 대한 주석이고, 이런 주석에 대한 재주석이다. 그러니 그것들은 기존의 해석에 대한 재해석의 연속이고, 이런 해석들의 집적물이라고 할 수 있다. 그래서 해석에 대한 첫 출발이 되는 원전 텍스트를 정확하고 폭넓게 읽는 것만으로도 그 텍스트의 의미는 웬만큼 드러난다. 원전 텍스트가 내장하는 중요한 의미는, 시대적으로 조금씩 다르게 변주되긴 하지만, 크게 보면 반복적으로 강조되기 때문이다. 게다가 동양 고전에는 문학 작품에서처럼 일관된 서사(敍事)가 없다. 『논어』는 다양하나 짧은 삽화를 대화체로 담고 있지만, 그 해석을 위해 괴테의 『빌헬름 마이스터의 수업시대』에서처럼 그 줄거리를 쫓아갈 필요가 없다.

이런 이유에서 동양 고전에서의 수신 논의는 그 핵심 원리를 퇴계의 생각을 중심으로 다섯 가지로 요약하고(1), 이 원리 하의 일상적 행동 방식을 일곱 가지로 정리하고자 한다(2). 이 때 중요한 것은 단순히 퇴계 사상의 고유한 원리이거나 도(道)나 성(性)을 둘러싼 '초시간적 성현의 말씀'도 아니다. 또 이기론(理氣論)의

---

99 이 글에서 다루는, 『자성록』 이외의 모든 퇴계 글은 『퇴계집』(장기근 역저)에 실려 있다.

내막이거나 '한국유학의 특수성 혹은 우월성' 같은 것이 아니다.

필자가 관심갖는 것은 훈고학적 주석이 아니라, 그 많은 사안들 가운데 수신의 의미론적 맥락이 무엇이고(첫째), 이 수신과 관련하여 여러 실천적 사례가 어떠하며(둘째), 그것이 갖는 오늘날의 의미가 무엇인가를(셋째) 살펴보는 일이다. 그리하여 퇴계의 경의 마음에 집중하지만, 이 경과 관련하여 설득력 있다면, 공맹이든 주자든, 아니면 양명학의 어떤 생각이든, 외면할 이유는 없다. 말하자면 수신의 교양교육적 의미와 그 윤리적 현재적 의의가 이 글에서 결정적 사안인 것이다.

1 공부와 실천의 5가지 원칙

유학에서든 퇴계에서든, 동양 고전에서의 핵심은 두 가지 – 공부와 몸가짐에 있지 않나 싶다. '성학을 밝히고 왕도를 행하는 것(明聖學 行王道)'이라고 불리건, '수기치인(修己治人)'과 '경국제민(經國濟民)'으로 불리건, 아니면 '심득궁행(心得躬行)'으로 불리건 상관없이, 이 모든 것은 스스로 배운 것을 어떻게 실천하고,

자기 몸의 이 실천이 어떻게 다른 사람과 나라를 다스리는 데로 이어지게 할 것인가라는 문제로 수렴되는 것으로 보인다. 그것이 『소학(小學)』을 거쳐 『대학(大學)』으로 나아가는 일이고, 물 뿌리고 손님을 대접하는 일상적 실천으로부터 천하의 도리를 익히는 궁리의 사안이기도 하다. 『대학』에서 제시된 일련의 절차적 과정, 다시 말해 격물치지(格物致知)-성의(誠意)-정심(正心)-수신(修身)-제가(齊家)-치국(治國)-평천하(平天下)의 단계화도 이런 기나긴 수련 과정을 순차적으로 보여준다.

이 모든 것을 관할하는 것은 물론 마음(心)이고, 이 마음의 태도가 다름 아닌 경(敬)이다. 마음은, 좁게 영육(靈肉)의 차원에서 영/정신에 가깝지만, 그래서 몸을 다스리는 주체가 되겠지만, 넓게는 몸과 정신, 혹은 기(氣)와 이(理)를 모두 포괄하는 것으로 간주되기도 한다. (여기에서 세계관과 존재론 그리고 인간관이 나온다) 그리하여 마음은 육체와 정신을 거느리고, 기(氣)와 이(理)를 겸하며, 정(情)과 성(性)을 통합한다. 마음은 영육을 하나로 잇는 것이다. (여기에서 심성론(心性論) 혹은 심학(心學)이 나온다)

이에 반해 경(敬)이란 무엇인가? 그것은 대상을 우러르고 섬기는 마음이다. 그것은, 소극적으로 말하여, 마음을 '삼가고 단속하며 정비하는' 일이다. 이것은 존경과 존중의 자세 없이 불가능하다. 그래서 윤리적이다(여기에서 도덕론이 생긴다).

여기에 언급된 세계관과 존재론, 인간관과 심성론 그리고 도덕론을 하나로 관통하는 원리는 무엇인가? 그것은 아마도 경의 마음 – 섬기고 우러르며 조심하는 마음이 될 것이다. 이것은 무엇보다 『자성록』맨 앞에 잘 나와 있다.

> "옛 사람들이 말을 함부로 하지 않은 것은 실천이 따르지 못함을 부끄러워해서였다. 지금 친구들과 학문을 강구하느라 서신을 나누며 한 말은 부득이한 것이지만, 이미 그 부끄러움을 스스로 이기지 못하겠다. 하물며 이미 말한 뒤에 저편 사람은 잊지 않았는데, 내가 잊은 것이 있는가 하면, 저편과 내가 다 잊어버린 것이 있으니, 이것은 부끄러울 뿐 아니라 거의 기탄없게 된 것으로 두렵기 그지없다. (古者言之不出, 恥躬之不逮也, 今與朋友講究往復其言之出, 有不得已者已自不勝其愧矣, 況旣言之後有彼不忘而我忘者有, 彼與我俱忘者斯不但可恥, 其殆於無忌憚者可懼之甚也)[100]

사람은 어떤 말을 하고 나서 대개 곧 잊어버리지만, 그 말을 들은 사람은 잊지 않기도 한다. 그렇듯이 말을 하는 사람도, 또 듣는 사람도 다 같이 잊어버리는 수도 있다. 그리하여 그 말의 내

---

100 이황(윤사순 역주), 『퇴계선집』, 현암사, 1982, 57쪽

용 – 실천의 문제는 여전히 해결되지 않은 채, 그래서 앞으로 '해야 하는 미완의 것'으로 남는다. 이것을 퇴계는 "부끄러울 뿐만 아니라(可恥)" "두렵기 그지없다(可懼)"고 표현한다. 말의 내용도 중요하지만, 그 내용을 실천하는 일이 그에게는 더 중요했던 것이다. 그래서 『자성록』의 처음에 이렇게 적었을 것이다. "옛 사람들이 말을 함부로 하지 않은 것은 실천이 따르지 못함을 부끄러워해서였다." 『소학』에서의 가르침도 그런 실천 내용이었다.

『소학』에서의 가르침대로, 아침에 일어나 부모께 인사드리고, 옷매무새를 단정히 하고 마당에 물 뿌리고 청소한 것은, 또 경서의 구절을 전부 암송하고 생각에 생각을 거듭한 것은 단순히 공부가 '입으로 외고 귀로 듣는 배움(口耳之學)'이 아니었기 때문이다. 그것은 무엇보다 마음으로 깨닫는 학문(心悟之學)이었기 때문이다. 그 후에 배우는 『대학』은 『소학』의 이런 실천 위에 자리하는 것이다. 그리하여 이 모든 것은 인격의 완성을 겨냥한다. 유교의 학문 정신을 요약하는 말로 심오체득(心悟體得)이나 지행일치(知行一致) 혹은 지행상수(知行相須)가 쓰이는 것도 이런 맥락 속에서다.

① 경이직내(敬以直內), 의이방외(義以方外)

퇴계의 학문은 흔히 '경에서 시작하여 경으로 끝난다(敬以始之, 敬以終之)'고 말해진다.[101] 경은 물론 정명도(程明道) 정이천(程伊川) 형제 이래 학문의 주된 방법으로 간주되었고, 주자에 이르러 유학의 시종(始終)으로 받아들여졌다. 하지만 그것은 퇴계에 이르러 비로소 사유의 중심축으로 구축됐다고 평가된다. 그래서 윤사순 선생은 퇴계의 철학을 '경(敬)의 철학'으로 규정한 바 있다.[102] 이에 대한 생각은 퇴계 글의 어디서나 보이고, 또 어떤 논의를 하든 그 논의의 최종 귀결점이지 않나 여겨진다. '불경하지 말라(毋不敬)'는 말이 자주 나오는 것도 그런 맥락인지도 모른다.

---

101 이황, 「무진육조소(戊辰六條疏)」, 『퇴계집』, 134쪽. 경이 성학의 시작과 끝을 이룬다는 구절은 「경제잠(敬齊箴)」 마지막에도 나온다. 그러나 그 이전에 『주자전서』 등 여러 군데에서 나온다.

102 앞의 책, 29쪽. 이 대목은 퇴계의 경 개념이 갖는 사상사적 의의와 관련되는 것인 만큼 좀 더 면밀하게 언급되어야 할 것이다. 다카하시 스스무(高橋 進)는 이렇게 쓰고 있다. "주자가 거의 언급하지 않았던 궁리(窮理)와 치지론(致知論)이 퇴계에 이르러 보다 명확하고 강력하게 인간 주체(학자)의 입장 또는 마음의 자세에 근원하면서 진리를 드러냈다." 다카하시 스스무(최박광 역), 『퇴계 경철학』, 동서문화사, 1993년, 506쪽. 이런 문제의식은, "하늘은 곧 이(天卽理)"라고 말함으로써 기존의 천명(天命) 관념과 결별하고, 인간의 본성을 이치/마음의 본성에서 구하고자 했을 때, 그래서 이 마음을 인도하고 주재하는 원리로서의 '경(敬)'에 주의할 때, 시작된다고 그는 말한다. (같은 책, 373쪽, 578쪽)

다시 정리해보자. 경(敬)이란 무엇인가? 그것은 조심하고 섬기면서 우러르는 마음이다. 주체는 이 "공경의 마음을 통해 자기를 닦는다(脩己以敬)". 수기(修己)는, 『논어』에 따르면, 수기로 그치는 것이 아니라, "남을 편안하게 하고(脩己以安人)", 나아가 "백성을 편안하게 하는(脩己以安百姓)" 데로 이어진다. (「헌문(憲問)」) 맹자는 이 점을 좀 더 직접적으로 표현하고 있다. "자기를 바르게 하면 남이 바르게 된다(正己而物正者也)."(『맹자(孟子)』, 「진심상(盡心上)」) 여기에서 자기 형성의 개인적 차원과 사회적 차원이 겹쳐 있다. 수기론의 이 같은 문제의식은 되풀이하여 강조될 만하다.

경의 수신론은 결코 자기에게 그치는 것이 아니라 자기를 넘어 타인으로 이어지고, 다시 이 타인의 전체인 백성으로 확대된다. 널리 베풀어 중생을 구제하는 일(博施濟衆)도 자기를 닦고 키우는 데서 시작하는 것이다. 적어도 공자 이래의 유학에서는 그렇다고 할 수 있다. 바른 자기 교육론은 이미 타자 형성론과 겹쳐있는 것이다.

퇴계 철학을 흔히 '거경궁리(居敬窮理)'라는 개념으로 규정하지만, 이 개념 역시 정주학(程朱學)에서 학문하는 사람의 요체였다.[103] 거경(居敬)이 몸을 성실하게 하는 데 관계하는 것이라면, 궁리는 사물의 이치를 밝히는데 관계한다. 앞의 것이 주체의 존양(存養)에 대한 것이라면, 뒤의 것은 대상의 성찰(省察)과 탐색에 관한 것이다. 이렇게 탐색되는 이치란 사물의 근본이고 인간의 본성이다. 궁리란 세계와 존재, 인간과 본성의 이(理)와 기(氣)를 묻고, 심(心)과 성(性)과 정(情), 혹은 도(道)와 기(器), 체(體)와 용(用)을 규명한다. 여기에서 앞의 것 – 이(理)와 성(性), 도(道) 그리고 체(體)가 본성이나 본질에 관계한다면, 뒤의 것 – 기(氣)와 기(器) 그리고 용(用)은 이 본질이 나타나는 다양한 쓰임이자 여러 현상 방식이라고 할 수 있다.

이렇게 거경과 궁리를 나누면, 그것은 대체로 정이천과 주자의 학설을 따른 것이다. 또 그것은 정주학설 가운데 특히 주자를 이어받는 퇴계의 입장이라고 할 수 있다. 이에 반해 거경과 궁리를 하나로 본다면, 그것은 양명학의 입장에 가까운 것이 될 것이다. 주자가 거경과 궁리를 구분하여 지선행후(知先行後)를 주장한 반면에, 왕양명은 지행합일(知行合一)을 주장하였기 때문이다.

그러나 정주학과 양명학을 반드시 대립적으로만 봐야 하는 것은 아니다. 왕양명은 실제로 『전습록(傳習錄)』에서 "자신의 마음

---

103 "학문하는 사람의 공부는 오직 거경과 궁리가 있을 뿐이다(學者工夫. 惟有居敬窮理)", 『주자어류(朱子語類)』, 9권

과 회암(주자)의 마음이 다른 적이 없었다"고 적고 있다.[104] 그에게 인간의 삶이나 윤리규범의 문제는 모두 마음과 관련되어 있다. 그리고 '마음이 곧 이치(心卽理)'라는 이 테제는 사실 왕양명만의 것이라기보다는 그 이전에도, 이를테면 육상산(陸象山)에게도 이미 나온다. 주자의 이학(理學)과 육상산의 심학(心學) 사이의 논쟁은 실제로 수백 년 지속됐다.

양명학의 가장 중요한 하나의 테제는 "마음 밖에 이치가 없으며(心外無理), 마음 밖에 일이 없다(心外無事)"는 것이다. (3조목. 32조목)[105] 바른 마음 속에서 거경과 궁리, 수기(修己)와 격물(格物)은 이미 하나인 것이다. 이것이 자기 자신을 이루면서 외물을 실현한 상태 – '성기성물(成己成物)'의 상태일 것이다.

사안의 정확한 시비와 경중을 따지는 것은 중요하지만, 그러나 우리의 논의가 여기에 머물면 곤란하다. 시비의 검토보다 더 중요한 것은, 거듭 강조하건대, 자기를 연마하는 일이다. 위에서 말한 지행합일의 상태는 퇴계의 경의 마음 속에 이미 자리한다. 예를 들어 『언행록』에서 퇴계가 "많은 사람들과 어울리길 좋아하지 않았고(不喜群居)", "깊이 구하고 말없이 실행했다(潛求默

---

104 왕양명(정인재, 한정길 역주), 『전습록(傳習錄)』, 청계, 2001년, 271쪽
105 앞의 책, 81, 163쪽

玩)"고[106] 할 때, 그가 추구한 것은 생활의 성실함이었고 행동의 의로움이었다고 할 것이다. 그것은 "경건함으로 내면을 바르게 하고, 의로움으로 외면을 반듯하게 하는(君子敬以直內, 義以方外)" 일이었다.[107] 이렇게 홀로 앉아 퇴계는 마음을 맑게 하고 몸으로 성찰하며 세상의 이치를 체득하는 것을 즐겼다. 마음은 이 모든 것을 주재하는 심급이 될 것이다.

사물과 인간의 본체는 오직 스스로 대상을 공경하는데, 그래서 함부로 대하는 것이 아니라 우러러 섬길 때, 자리한다. 그리하여 거경은 궁리의 조건이면서 결국 하나다. 조심하고 섬기면서 움직임과 고요를 하나로 뚫고, 안과 밖을 모으며, 드러남과 숨음을 한결같이 하는 데서 경 공부는 시작되기 때문이다. 거꾸로 이런 궁리는 다시 일상에서의 조심스런 몸가짐으로 돌아온다. 거경과 궁리는, 체득과 성찰이 그러하듯이, 상호 항진 속에서 발전하는 것이다.

이 상호 항진을 통해 모든 사물은 '하나로 통하면서 제각각으로 나뉘는 다른 무엇'인 것으로 드러난다. 그것이 '일통이만수(一統而萬殊)'나 '만수이일관(萬殊而一貫)' 혹은 '이일분수(理一分殊)'

---

106 이황, 「언행록」, 『퇴계집』, 541, 549쪽
107 『주역(周易)』「곤괘(坤卦)」

다.[108] 세계의 이법(理法)과 인륜의 이법은 궁극적으로 하나로 만난다. 이렇게 만나는 가운데 그것은 인(仁)을 추구한다. 이때의 마음이 계신공구(戒愼恐懼)다.

② 계신공구(戒愼恐懼)

'경계하고 삼가며 두려워하는 것'-계신공구(戒愼恐懼)는, 잘 알려져 있듯이, 『중용(中庸)』「1장」에 나오는 말이다.[109] 그렇다면 무엇을 경계하고 삼가며 두려워해야 하는 것인가? 그것은 간단

---

108 '하나로 통일되어 있으면서 만 가지로 특수하다(一統而萬殊)'거나, '만 가지로 다르면서 하나로 일관된다(萬殊而一貫)'는 것은 결국 개별과 전체, 구체와 보편이 서로 얽혀있다는 뜻이다. 이것은 괴테의 핵심적 세계관이기도 하다. 그는 『빌헬름 마이스터의 편력시대』에서 이렇게 적고 있다.
"무엇이 보편적인 것인가?(Was ist das Allgemeine?)
개개의 것이다. (Der einzelne Fall)
무엇이 특수한 것인가?(Was ist das Besondere?)
수백만의 경우다. (Millionen Fälle)"
Johann Wolfgang von Goethe, *Wilhelm Meisters Wanderjahre*, a. a. O., S. 301
그래서 괴테는 "각각의 존재는 모든 존재하는 것들의 비유다"고 적었다.
Ebd., S. 300.

109 "그러므로 군자는 보이지 않는 것에도 경계하고 삼가며, 들리지 않는 것에도 두려워한다. 숨은 것보다 더 잘 드러나는 것은 없고, 세미한 것보다 더 잘 나타나는 것은 없다. 그러므로 군자는 홀로 있는 것을 삼간다. (是故君子 戒愼乎其所不睹 恐懼乎其所不聞 莫見乎隱 幕顯乎微 故君子 愼其獨也)

히 말해 사사로운 자기(自私)와 물욕(物慾)에 빠져 잔꾀를 쓰는(用智) 일이다. 자기를 이겨내지 못하고 욕심을 버리지 못하면, 사람은 금수와 같은 존재로 간주되는 까닭이다. 이럴 경우 배운 것은 배움 속에서 끝날 뿐, 생활 속으로 체화되지 않는다. 공자의 걱정거리도 배움의 실천문제였다.[110]

앎과 행동의 합일문제, 지식의 실천화 문제는 예나 지금이나 어렵다. 기풍이 타락하고 탐욕스런 사회에서 사람은 제대로 된 마음을 갖고 살아가기가 쉽지 않다. 그래서 쓸데없는 영욕에 시달리고, 어두운 이해관계에 집착한다. 여기에서 벗어나려면 무엇보다 마음이 병들지 않아야 한다. 그렇다면 뜻과 의지를 어디에 둘 것인가?

필요한 것은, 『성학십도(聖學十道)』「심학도설(心學圖說)」에 적혀진 대로, "마음을 모아 언제나 깨닫고 깨닫는(其心收斂 常惺惺)" 일이다. 마음을 모아 항상 깨닫고 깨닫는다는 것은 '언제나 주의한다'는 뜻일 것이다. 계신공구란 상성성(常惺惺)의 단계 이전에 필요한 자세, 그리하여 상성성으로 나아가기 위한 신중한 자세일 것이다. 그런 점에서 경계하고 삼가며 두려워하는 것은 '소극

---

110 공자가 두려워한 것은 "덕을 닦지 않고, 학문을 강의하지 않으며, 의로움을 듣고도 옮기지 않고, 불선을 고치지 않는 것(德之不修, 學之不講, 聞義不能徙, 不善不能改. 是吾憂也)"이었다. 『논어』, 「술이(述而)」3장에서 공자가 근심거리로 거론한 네 가지는 모두 실천의 문제라고 할 수 있다.

적 대응'일 수도 있다. (우리는 위에서 괴테와 관련하여 고귀함과 기품을 위한 실천방식이 '소극적 대응'임을 살펴보았다. II부 3장 2절 「자발적 봉사의 자유」 참조)

계신공구의 태도는 일상적 차원에서, 말하자면 생활의 어려움 앞에서 좀 더 생생한 모습을 띤다. 퇴계는 「기명언에게 답함」에서 이렇게 쓰고 있다.

> "편지에서 공(公)이 말한 바, '처세의 어려움에 있어서도 나의 학문이 이르지 못한 것을 걱정할 따름이다. 만약 내 학문이 이르렀다면, 처세에 있어서도 필히 어려움은 없었을 것이다'고 한 것은 참으로 지극히 절실한 말입니다(來喩曰, 處世之難, 亦患吾學之未至耳. 吾學若至, 則處之必無難矣. 此固切至之言也)…
>
> 선배가 이 세상에 태어나 벼슬에 나서거나, 집에 있거나 때를 만나거나 못 만나거나 간에, 결국 자기 몸가짐을 깨끗이 하고, 지킬 의를 행할 뿐, 재앙이나 복은 따질 게 못됩니다. (夫士生於世, 或出或處, 或遇或不遇, 歸潔其身, 行其義而已, 禍福非所論也)"[111]

기대승은, 잘 알려져 있듯이, 퇴계와 8년 간에 걸쳐 벌인 '사

---

111 이황, 「기명언에게 답함」, 『퇴계집』, 365쪽

단칠정논변(四端七情論辨)'으로 잘 알려져 있는 학자다. 그는 퇴계보다 27살 어린 학자였으나, 퇴계는 그의 학문적 열의와 그 정직성에 대하여 경의를 표했다.

위 글에 나타난 요점은, 세상이 알아주든 알아주지 않든, 벼슬에 나서건 초야에 묻혀 있건 관계없이, 학자로서 가져야 할 바른 몸가짐이다. 처세의 어려움이 있다면, 그것은 무엇보다 자신의 "학문이 이르지 못한 것을 걱정할 따름"이라고, 그래서 "내 학문이 이르렀다면, 처세에 있어서도 필히 어려움은 없었을 것"이라고 말하는 기대승의 말이 매우 온당하다고 퇴계는 말한다. 이 몸가짐에 있는 것은 자기 학문이 제대로이지 못함을 걱정하고 경계하는 태도 – 계신공구의 자세다.

이렇게 조심하고 두려워하면서 퇴계는 마음을 보존하고 키우고자(存心涵養) 했다. 유학에서 강조되는 신독(愼獨)이나 신중하게 생각하는 일(愼思)도 이런 맥락에서 나올 것이다.

③ 배우고 묻고 생각하고 변별하며 행하는 노력(學問思辨行)

계신공구하면서 존심함양한다고 할 때, 이것은 물론 경을 유지하는 방법 – 지경(持敬)의 방법이다. 지경이란 수기와 치인을 위한 것이다. 그리하여 자기 단련은 계속된다. 그 방식은 무엇인가? 그것은 『중용』에 나오는 구절 – "박학(博學), 심문(審問), 신사(愼思), 명변(明辯)"으로 요약될 수 있지 않나 여겨진다.[112] 퇴계는 다시 풀어 쓴다.

"그런 까닭으로 배움에 있어 정말 넓게 하지 아니할 수 없고, 물음에 있어 정말 자세히 살피지 아니할 수 없고, 생각함에 있어 정말 삼가지 아니할 수 없고, 분별함에 있어 정말 밝게 하지 아니할수 없사옵니다. 이 네 가지, 즉 박학, 심문, 신사, 명변이 바로 치지의 조목이며, 이 네 가지 중에서도 신사가 가장 중요합니다. (故學之不可以不博, 問之不可以不審, 思之不可以不愼, 辨之不可以不明, 四者致知之目也, 而四者之中, 愼思爲尤重)"[113]

퇴계가 「무진육조소」라는 상소를 조정에 올린 것은 1568년, 그러니까 그의 나이 68세 때였다. 그 무렵 조정은 거듭되는 정쟁과 모함으로 조선의 국가 체제는 위태로웠고, 양반관료간의 대립은 극에 달하던 때였다. 그러니만큼 어떤 의견을, 그것도 왕에

---

112 "널리 배우고, 상세히 묻고, 신중히 생각하고, 밝게 변별하고, 돈독하게 행한다. (博學之 審問之 愼思之 明辨之 篤行之)", 『중용』, 20장
113 이황, 「무진육조소(戊辰六條疏)」, 『퇴계집』, 128쪽

게 펼쳐 보인다는 것은 그 자체로 큰 위험을 감수하는 일이었다.

이 상소문에서 퇴계는 국가 체제의 단속과 백성의 평안을 도모하는 일 외에도, 널리 배우고 심사하듯 물으며 신중하게 생각하고 분명하게 분별하면서 왕 자신의 공부가 제대로 되길 갈망했다. 박학(博學), 심문(審問), 신사(愼思), 명변(明辯)은 앎에 이르는 가장 중요한 원칙이 아닐 수 없다. 이 네 원칙은 독실하게 행동하는(篤行) 데서 완성된다. 이것이 이른바 '오교(五敎)' - 학문사변독행지공(學問思辯篤行之功)이다. 그리하여 퇴계에게 '향상하려는 마음'은 자연스런 것이다.

김성일은 퇴계를 이렇게 묘사했다. "선생은 터럭만큼도 자만하여 거짓으로 있는 마음이 없으셨다. 도를 이미 밝게 터득하고도 아직 보지 못한 듯이 한층 높이 바라보고, 덕을 이미 높였는데도 못 얻은 듯이 부족하게 여기셨다. 이렇듯 향상하려는 마음이 죽는 날까지 한결 같으셨다. (無一毫滿假之心 見道已明 而望之若不見 德已尊矣 而歉然若無得 向上之心 至死如一日)"[114]

이처럼 부단히 "향상하려는 마음(向上之心)"을 지녔기에 퇴계는 덕을 이미 보고 이미 얻었음에도, 그것을 "아직 보지 못한 듯이", 또 아직 "못 얻은 듯이" 여겼다. 놀라운 일이지 않을 수 없

---

114 이황, 「언행록 권1」, 『퇴계집』, 562쪽

다. 그것은 결핍 혹은 불충분에 대한 자의식으로 하여 가능하다. 그런 그가 남의 허물을 드러내기보다는 그 좋은 점을 먼저 취하고, 자기 단점을 숨기려하기 하기보다는 그 보완에 서둘렀던 것은 당연한 것이었는지도 모른다.[115] 그에게 강직함이나 용기도 자기 뜻대로 하기 위해서가 아니라, 허물을 고치고 의에 복종하기 위해서 필요한 것이었다.[116] 이 향상심의 학문적 방법이 다름 아닌 "박이부잡(博而不雜) 약이불루(約而不陋)"－넓게 알면서도 잡되지 않고, 요약하면서도 고루하지 않는 것이다. 이 요약은 예(禮)를 통해 이뤄진다. 그리하여, 자사(子思)가 썼듯이, "글은 넓게 배우면서도 예로서 몸은 단속하게(博學於文, 約之以禮)"된다. 이것은, 더 줄이면, 박문약례(博文約禮)다. 넓게 공부하면서 몸은 예로 단속하는 것이 유학의 기본 방법이다.

---

115 우성전(禹性傳)은 이렇게 전한다. "자기의 수양을 서두르면서도 남의 허물을 말하지 않으셨고, 남의 좋은 점은 과감하게 따르면서도 자기 단점은 가리지 않으셨다(急於修己 而不言人過 勇於從人 而不掩己短).", 앞의 책, 563쪽

116 기명언(奇明彦)에게 답하는 글의 마지막은 이렇다. "참된 강직과 용기는 마음대로 기를 놀리고 억설을 하는 데 있는 것이 아니라, 허물고침에 인색하지 않고 의를 듣고 복종하는 데 있습니다(乃知眞剛眞勇, 不在於逞氣强說, 而在於改過不吝 聞義即服也).", 앞의 책, 398쪽

④ 극기복례(克己復禮) – 마음의 자기 회귀

아마도 유학사상에서 수신적 측면을 가장 잘 담고 있는 말이 극기복례가 아닌가 여겨진다. 그것은 다른 누군가가 아니라 자기 자신을 이겨냄으로써 예로 돌아간다는 것을 뜻하기 때문이다. 그리하여 이 모든 것은 어짐(仁)으로 돌아가고자 한다. 이것은 「경연일기(經筵日記)」에 잘 나온다.

"옛날에 자공(子貢)이 '넓게 베풀고 여러 사람을 구제한다(博施濟衆)'면 인(仁)이라고 할 수 있느냐고 묻자, 공자(孔子)는 '인자(仁者)는 내가 서고자 할 때 남을 세우고, 내가 도달하고자 할 때 남을 도달하게 한다'고 대답하였습니다. 무릇 자공이 인을 구함에 있어 직접 내 몸 가까이에서 절실하게 찾을 줄 모르고 지나치게 넓고 멀리에서 자기와 관련 없는 곳에서 찾으려 하기 때문에, 공자가 자기로 돌아와, 인의 본체를 가장 절실한 곳에서 인식시키고 찾게 하고자 하였던 것입니다.

이제 장횡거(張橫渠) 역시 '인은 비록 천지만물과 더불어 일체가 되는 것이긴 하나, 반드시 먼저 자기로부터 근본을 삼고, 주재(主宰)가 되어야 하며, 나아가 모름지기 남과 내가 하나의 이(理)에 서로가 절실하게 관련되어 있다는 뜻을 깨달아야 인의 실체에 일치한 것이라 하겠다'고 했습니다…"[117]

　여기에서 핵심은 어짐의 사상이다. 퇴계는 이것을 자공의 물음 ─ "넓게 베풀고 여러 사람을 구제한다(博施濟衆)'면 인이라고 할 수 있느냐"에 대한 공자의 답변에서 찾는다. 공자는 이 물음에 대해 "내가 서고자 할 때 남을 세우고, 내가 도달하고자 할 때 남을 도달하게 한다(己欲立而立人, 己欲達而達人)"고 대답한다. 자기 이전에 타인을 먼저 내세워야 한다는 것이다. 그러려면 "자기로 돌아와야(使其反之於身)" 한다. 그래서 "인의 본체를 가장 절실한 곳에서 인식하고 찾아내야(而認得仁體最切實處)" 한다. 이것을 장횡거는 좀 더 분명하게 표현한다. 즉 "반드시 먼저 자기로부터 근본을 삼고(然必先要從自己爲原本), 주재(主宰)가 되어야 한다"고 적는다. 이것은 말하자면 마음의 자기 회귀다. 즉 인의 요체는 자기가 자기 자신으로 돌아가는 데 있다.

　동양 수신의 근본은 자기 자신으로 돌아간다는데 있다. '자기 자신으로 돌아간다'는 것은 자기로 돌아가 본래의 자기를 찾는다는 뜻이다. 그렇다면, '본래의 자기'란 무엇인가? 그것은 어떤 선한 본성을 가진 존재로서의 자기, 그래서 천지만물과 일체가

117　『퇴계집』, 173쪽

된 자기라고 할 수 있다. 그런 점에서 그것은 너무 실체주의적으로 파악된 자아관이라고 비판할 수 있을 지도 모른다. 그것은 자아의 선한 본성을 처음부터 전제하기 때문이다. 더 구체적으로 말할 수 없을까?

'자기로 돌아간다'고 할 때의 자기란, 구체적으로 말하여, '사욕(私慾)에 물든 자기'일 것이다. 사욕에 물든 자기란 인욕(人慾)과 물욕(物慾)에 빠진 자기가 될 것이다. 그것은 사사로운 자기(自私)다. 인욕에 빠졌을 때, 사람은 칠정(七情) – 기뻐하고 성내고 슬퍼하고 두려워하고 사랑하고 미워하고 욕구하는 일(喜怒哀懼愛惡欲)에 집착한다. 결국 사적 자기에서 벗어나 본래의 자기로 돌아간다는 것은 온갖 감정적 패착과 거리를 둔다는 뜻이 될 것이다. 혹은 오만(傲慢)해지는 것에 경계하는 것이다. 왜냐하면 오만은 사람 사는데 가장 크나큰 병통으로 간주되기 때문이다.

수신의 원칙도, 『논어』「안연 12장」을 빌려 와서 "예가 아니면 보지 말고, 예가 아니면 듣지 말며, 예가 아니면 말하지 말고, 예가 아니면 행동하지 말라(非禮勿視, 非禮勿聽, 非禮勿言, 非禮勿動)"는 데 있는 지도 모른다. 이런 글에서 동양유학이 끊임없이 강조하는 것은 어떻게 사욕과 인욕과 물욕으로부터, 또 오만과 무례(無禮)로부터 거리를 유지할 것인가의 문제로 보인다.

자기로 돌아간 본래의 자아는 여러 가지 점에서 절제하고 조신하는 자아일 것이다. 그 자아는 이를테면 공자가 이어서 말한 네 가지를 절제한 자아, 다시 말해 "억측하지 않고(毋意), 기필하지도 않으며(毋必), 완고하지 않고(毋固), 자기를 내세우지도 않는(毋我)" 자아라는 것을 고려한다면(「자한(子罕) 9편」, 『논어』), 있는 그대로의 자아가 아니라 사사로움을 극복한 자아라는 것이 드러난다. 제대로 된 자아는 자신을 내세우지도, 의도하지도, 또 고집하지도 않는다. 또 그런 자아라면, 그것은 자신을 이롭게 하고 남을 굳이 이기려고 하지도 않을 것이다. 퇴계는 수제자인 정자중(鄭子中)에게 답하는 한 편지에서 "단 한번이라도 자기를 이롭게 하고, 남을 이기려는 생각이 있으면, 그것은 곧 순(舜) 임금과 도척(盜跖)이 구분되는 분기점(但一有利己剋人之心便是舜跖所由分處)"이라고 썼다.[118] 남을 이기려 한다면, 곧 도둑과 같다는 것이다. 혹독한 자기 비판이 아닐 수 없다.

그러므로 유학의 수신 개념에서 '자기를 근본으로 삼는다'는 것은 단순히 자기 고집을 부리거나 사적 이익을 취한다는 뜻이 아니다. 그것은 자아의 사사로운 상태 – 주체의 주관적이고 편향되며 변덕스런 차원을 이겨내고, 그 마음을 최대한 투명하고 맑고 객관적인 차원에 둔다는 것을 뜻한다. 그래서 상대를 굳이 이

---

118 이황, 「정자중에게 답함(8)」, 『퇴계선집』, 110쪽

기려 하거나 그로부터 이익을 구하려 하지 않는다.

이때 마음은, 「심학도설(心學圖說)」에 적힌 대로, "모아지면서 언제나 깨닫고 깨닫는(其心收斂 常惺惺)" 상태가 될 것이다. 어진 마음은 주체의 마음을 투명하고 초연한 차원으로 둘 때에만 가능하기 때문이다. 이것은 서구 사상사에서 행해진 내면성의 탐구가, 특히 아우구스티누스와 데카르트 이후의 그것이 보여주듯이, 자아의 투명하고 객관적인 상태를 지향한 것과 어느 정도 상통한다고 할 수 있지 않나 싶다.

사실 도덕이라는 것도, 간단히 말해, 주체가 자기에 대해 갖는, 어떤 온전하고도 일체적이며 진실하다는 느낌(integrity) - 자기 정직성의 원리 이외에 다른 것이 아니라고 할 수 있다. 이 원리가 어떻게 불리우건, 그것이 '정직성'이라 불리건 '자존감'이나 '양심' 혹은 '자의식'이나 '반성력'으로 불리건 간에, 주체는 스스로를 드높이는 자기존중의 마음 속에서 다른 사람과 만나고 현실과 부딪친다. 그러면서 자기의 모습을 일관되게 구축해간다. 주체의 정체성(identity)란 정직성의 이런 자기 동일적(identical) 구성과 다르지 않다.

주체적 개인의 갱신과 변형은 이 납득할 만한 일관성의 반성적 구성에서 온다. 개인은 현실 속에서 자신을 부단히 점검하고 교정하는 가운데 자기를 구성하고, 이렇게 구성된 주체의 납득할 만한 일관성 속에서 세상과 새롭게 만난다. 이 모든 것을 주재하는 것은 투명한 마음이고, 이 마음의 자기 반성적 활동이다.

그리하여 마음은 주체에서 시작하여 타인으로 옮아가고, 이렇게 타자로 나아간 마음은 다시 자기 자신으로 돌아오며, 또 돌아와야 한다. 괴테 역시 교양교육의 방법으로서의 자기 회귀를, 더 정확하게 말해 자기 일탈과 자기 회귀 사이의 변증법적 운동이 갖는 중요성을 이렇게 강조했다. "인간을 자기 자신으로부터 벗어나는 것, 그래서 하나의 우회로를 통과하여 다시 자기 자신으로 돌아가는 것이 최고의 방법입니다."[119]

그러므로 인문학의 요체는 자기로의 회귀, 이 회귀를 통한 보다 넓고 깊은 객관성으로의 나아감에 있다. 그것은 나로부터 너와 우리를 지나 그들로 나아가고, 이렇게 나아간 주체의 마음은 다시 그들과 우리를 거쳐 이전과는 달라진 자기 자신으로 돌아오는 데 있다. 이러한 왕복 운동은 그 자체로 주체의 자기 반성적 운동이 아닐 수 없다. 그리하여 인문 정신은 반성적 주체가 자기회귀와 타자지향 사이를 왕래하면서 지금 여기와 인간, 현실과 세계 그리고 자연을 부단히 성찰하고, 이런 성찰을 통해 삶의 보다 넓고 깊은 가능성을 탐구하는데 있다.

---

119 Johann Wolfgang von Goethe, *Wilhelm Meisters Lehrjahre*, a. a. O., S. 119.

⑤ "공평한 저울" – 사무사(思無邪)

"엄숙정제(嚴肅整齊) 허명정일(虛明靜一)", 이것은 『성학십도』
의 마지막 글인 「숙흥야매잠(夙興夜寐箴)」의 두 번째 항목에 들
어있다. 허명정일의 대상은 나/주체의 마음이다. 우리는 마음
을 가능한 한 비워서 밝게 만들고 조용하게 하여 하나로 해야 한
다. 그렇다는 것은 세상을 대할 때, 그리고 사람을 만날 때의 잡
된 욕구를 차단하기 위해서다. 그것은 사람과 사물을 만날 때 일
정하게 대응하는 일이지만, 그렇다고 그에 얽매이지는 않는 일
이다. 그래서 타자와 교류하되 타자에게 짓눌리거나 집착하거나
편향되지 않는다. 자기를 내세우거나 남을 굳이 이기려는 마음
도 이런 편향성에서 올 것이다.

왜 편향성을 이겨내고 허명정일로 나아가야 하는가? 그것은,
앞서도 언급했지만, 나–주관–주체–감정의 사사로움을 극복하기
위해서다. 혹은 '바르지 않는 길이면 좇지 않기(不由邪徑)' 위해
서다. (「무진육조소」) 그리하여 허명정일은 사사로움을 이겨내고
천리의 본연으로 돌아가고자 한다.

이 천리의 궁극지점은 어디일까? 그것은 아마도 '생각함에 사
특함이 없는 상태' – 사무사(思無邪)의 상태인지도 모른다. 혹은
양심이라고 할 수도 있을 것이다. 사무사란 더 이상 기울어져 편

향되고 주관적인 상태가 아니라, 호불호를 벗어난 무감정적 상태에 가까울 것이고, 그러니만큼 그것은 '거울처럼 비어있고 저울처럼 평평하게(鑑空衡平)'된 차원이 아닐까 싶다. 괴테가 적었듯이, "가장 사소한 것에 대한 배려"와 "가장 위대한 것을 잡으면서도 다시 놓아줄 수 있는 영혼"은[120] 이 사무사의 공평무사한 상태에서야 가능할 것이다. 그리하여 허정명일은 곧 사무사적 양심의 견지, 나아가 위대한 영혼의 상태와 서로 통한다고 할 것이다.

바른 마음은 텅 비어 있어 밝고 조용하며 하나로서 한결같은 상태를 유지하지 않으면 안 된다. 그 상태가 이른바 '주일무적수작만변(主一無適酬酌萬變)' - 하나를 주된 중심으로 삼아 움직이지 않은 채 만 가지로 변하는 것에 대응하는 것이다.[121] 그것은 초연(超然)함이다. 초연하고 태연(泰然)한 마음은 하나로 모아지면서 늘 밝게 깨달을 수 있다. 그래서 그 마음은 거울이나 호수처

---

120 빌헬름이 사랑한 테레제가 삶의 원칙으로 "행복 속의 질서, 불행 속에서의 용기, 가장 사소한 것에 대한 배려, 그리고 가장 위대한 것을 잡으면서도 다시 놓아줄 수 있는 영혼"이라고 쓸 때, 이 맨 마지막 요소 - "가장 위대한 것을 잡으면서도 다시 놓아줄 수 있는 영혼"은 아마 자기 마음을 비울 때, 그리하여 사무사의 공평무사한 정신이 구비될 때, 비로소 가능하지 않나 여겨진다. Johann Wolfgang von Goethe, *Wilhelm Meisters Lehrjahre*, a. a. O., S. 467.

121 퇴계가 추구하는 이 유명한 마음의 상태는 『성학십도』에 실린 「심학도설(心學圖說)」외에 「김돈서(金惇叙)에게 답함」이나 「이숙헌(答李叔)에게 답함」(1558)에도 나온다. 『퇴계선집』, 353, 122, 148쪽 참조

럼 대상을 있는 그대로 비출 수 있다. 이것이 저 유명한 '종심소욕불유구(從心所慾不踰矩)'의 상태 – 마음가는 대로 해도 절도에서 벗어나지 않는 상태다. 이것은 또한 경이기도 하다. 이것이 유교적 주체의 마음가짐이면서 도덕적 삶을 위한 윤리적 태도다.

퇴계는 『심경(心經)』을 가장 애독하고, "심학을 엄한 아버지처럼 공경했다(敬此書如嚴父)"고 전해진다.[122] 어쩌면 우성전이 선생의 평상시 모습을 일러 "마치 흙으로 만든 상 같았다(有若泥塑然)"고 쓴 것은 이와 관련되는 지도 모른다.[123]

그러나 이렇게 적고 보면, 이런 상태는 언뜻 보기에 노장(老莊)에서 강조되는 '허정염담(虛靜廉澹)'과 유사해 보이기도 한다. 그러나 퇴계는 노장사상을 불신했다. 그들은 "일을 싫어하고 고요함만 구하기(厭事求靜)" 때문이다.[124] 고요를 구하는 것은 좋으나, 고요와 망각에 대한 지나친 강조는 현실을 외면하고 의무를 저버리는 데로 나아갈 수도 있기 때문이다. 왕양명 역시 "고요함만 지키는 것은 마른 나무나 꺼진 재처럼 쓸모없는 것이어서 반드시 반성하고 살펴서 (사욕을) 이겨내고 다스리도록(省察克治) 가르

---

122 이황, 「언행록 권 1」, 『퇴계집』, 526쪽. "선생은 『심경(心經)』을 가장 애독하셨다(先生最愛心經)"는 구절도 조금 뒤에 나온다. 528쪽

123 이황, 「언행록 권2」, 592쪽

124 이황, 「김돈서(金惇叙)에게 답함」, 『퇴계선집』, 124쪽

쳐야" 한다고 적었다.[125] 노장적 좌망(坐忘)은 곧 망아(忘我)다. 고요를 귀하게 여기는 것은 필요하지만, 그것이 편안함에 기대고, 나아가 움직임과 쓸모를 외면한다면 곤란하다. 고요가 공허해선 안 된다.

그리하여 퇴계가 허명정일을 강조한 것은 노장적 무위와 광대무변한 세계로 나아가기 위한 것이 아니라, 인간의 선한 본성을 바탕으로 하여 현실로 돌아와 도의(道義)의 세계를 실현하기 위해서다. 도의란 도학(道學)이자 성인지학(聖人之學)의 세계다. 그런 점에서 거창하게 보이기도 한다. 그러나 그것은 어질고 섬기는 마음으로 이뤄지는 드높은 세계이기도 하다. 퇴계는 장자(莊子)가 예(禮)를 멸시한 것이나 소동파(蘇東坡)가 경(敬)을 타파하려 한 것을 받아들일 수 없었다. 그것으로 마음이 길러질 수는 없기 때문이었다.[126] 그는 현실의 구체적 경험적 세계에서 자기와 가족과 나라의 안녕을 실현시키고자 애썼다. 바로 여기에 퇴계경학의 현실적 실천적 함의가 있지 않나 싶다.

---

125 왕양명, 『전습록』, 「39조목」, 175쪽; 『대학(大學)』의 앞 부분에서도 고요는 고요 자체로 끝나는 것이 아니라, 고요 다음에 '안정'과 '생각'과 '얻음'을 위한 것으로 설정되어 있다. "머무를 곳을 안 뒤에 뜻이 정해지고, 뜻이 정해진 뒤에 고요할 수 있고, 고요한 뒤에 편안할 수 있으며, 편안한 뒤에 사려할 수 있고, 사려한 뒤에 얻을 수 있다(知止而后有定 定而后能靜 靜而后能安 安而后能慮 慮而后能得)".

126 이황, 「김돈서(金惇叙)에게 답함」, 『퇴계선집』, 127쪽

지금까지 나는 퇴계가 세운 수신 수양의 5가지 원칙으로, 첫째, 안으로는 공경하는 마음을 갖고 밖으로는 의로움을 추구하며(敬內義外), 둘째, 조심하고 신중하며 두려워하면서(戒愼恐懼), 셋째, 넓게 배우고 검토하고 물으며 신중하게 생각하고 분명하게 변별하며 독실하게 행하는 일(博學審問愼思明辯篤行), 그리고 넷째, 사사로운 자기를 이겨내고 예로 돌아가는 것(克己復禮), 그래서 이런 마음의 자기 회귀를 통해, 다섯째, 고요한 가운데 빈 거울과 공평한 저울처럼 사특함이 없는 상태(思無邪)로 돌아가는 것이 필요하다고 적었다.

　여기에는 그때그때의 상황이나 대상에 따라 다른 대응 방식 – 주일무적 수작만변의 태도가 필요하다. 각 사안에 따라 내외(內外)와 경중(輕重), 완급(緩急)과 본말(本末)을 조절하지만, 그러나 지행병진(知行竝進)의 원칙은 변함없다.

2 일상의 행동 방식

유학의 공부가 『소학』에서 『대학』으로 나아간다고 할 때, 그 것은 쇄소응대(灑掃應對)로부터 격물치지(格物致知)로의 길이라고 나는 앞에서 썼다. 그러나 다시 한번 강조해야 할 것은 이 모든 일상의 실천이 가진 중요성이다.

간단한 가르침이 알기 쉽다고 하여 소홀히 할 것은 결코 아니 다. 퇴계 역시 "시나 서 같은 경서를 읽고 외우는 것은 실천을 하 고도 여력이 있을 때(行有餘力, 誦詩讀書)"라고 강조했다.[127] 이치 란 가까이 있기 때문이다. 진실은 "나날의 삶 속 어디에서나, 일 하거나 쉬거나, 말하거나 침묵하는 가운데(此理洋洋於日用者, 只在 作止語嘿之間)"[128] 있다. 삶의 진실은 오고 가고 앉고 누워있는 가 운데 있는 것이다.

그렇다면, 앞서 다루었던 다섯 가지 원칙은 퇴계의 생활에서 어떻게 나타나는가? 그것이 '가고 머물고 앉고 눕는' 일상에서 어떤 행동으로 나타나는가? 많은 사실들이 전해진다. 「언행록」

---

127 이황, 「소학제사(小學題辭)」, 『퇴계집』, 235쪽

128 이황, 「남시보(南時甫)에게 답함」, 『퇴계선집』, 66쪽

을 중심으로 일곱 가지만 살펴보자.[129]

① 집안에서

퇴계는 집에 있는 것을 좋아한 것으로 보인다. 그는, 이미 적었듯이, '조용히 자기를 지키며(靜以自守)' 있는 것을 즐겼다. "선생은 책상 앞에 조용히 앉아 조금도 변함이 없으셨고, 그렇다고 구차하게 다르다는 것을 보이지도 않으셨다. (先生對案靜坐, 未嘗少變, 而亦不見其苟異)"(「언행록2」, 우성전, 597쪽) 이것은 강조되어야 한다.

차이 자체나 이 차이의 드러냄이 중요한 것이 아니라, 있음 그대로 있는 것이야말로 인간 삶의 실존적 위엄이다. 이 조용히 자수하는 마음으로 그는 집안에서나 집밖에서 모든 일을 처리했다. 그리하여 관직에 있을 때에도 이 정이자수의 원칙은 다르지 않았다. "고을을 다스릴 때에도 한결같이 간소하고 조용하셨고, 시끄럽지 않는 것을 높이 치셨다. (吏治, 一以簡靜, 不擾爲尚)"(「언행록3」, 김성일, 662쪽) 조용하고 한결같은 일처리, 이것이 있는 그대

---

129 이하 「언행록」 인용은 본문 안에 권수와 말한 사람 그리고 쪽수만 표시한다.

로의 평상시 퇴계 모습이었다.[130]

② 외출 시

퇴계는 집안에 자수(自守)하며 지내는 것을 즐겼기 때문에 외출하는 일은 자연히 드물었다. 그렇다고 그가 사람과의 만남을 회피하거나 싫어한 것은 아니다. 오히려 그 만남을, 드물었지만, 즐겼던 것으로 보인다. 이것은 「언행록」 여러 군데서 확인된다.

"선생은 항상 조용하고 단정하게 계시면서 바깥출입을 안 하셨다(先生常守靜端居 未嘗出入). 그러나 유생들이 한 곳에 모여 잔치를 벌이면, 때로는 가시기도 했다."(「언행록2」, 김성일, 615쪽) "마을 사람이 잔치하고 청하면, 특별한 일이 없는 한, 반드시 참석했다. 항렬이 낮은 사람이나 나이가 젊은 사람에게도 흔연히 웃으시고, 따뜻한 말로 축하하고 즐거움을 다하신 다음에 돌아오셨다."(「언행록3」, 이덕홍, 615-16쪽)

---

130 괴테에게도 '고요에 대한 사랑'은, 빌헬름에게 보이듯이, 유별났던 것 같다. "나의 가장 특이한 장점은 고요에 대한 사랑이 지배적이라는 것, 그래서 결국에는 늘 뒤로 물러난다는 데 있었습니다." Johann Wolfgang von Goethe, *Wilhelm Meisters Lehrjahre.*, a. a. O., S. 390.

③ 담소할 때

담소할 때의 퇴계 모습도 흥미롭다. 그는 사람들과 만나면 즐겨 얘기하고, 때로는 토론도 했다. 그러나 격론에 휩쓸리거나 논쟁을 일삼았던 것으로 보이지는 않는다. 이것은 아마도 그 마음의 중심에 공경의 정신이 있었기 때문일 것이다. 이런 원칙 아래 누구와 만나는가, 무엇에 대해 말하는가 그리고 무엇을 추구하는가에 따라 그의 행동 방식은 미세한 차이를 보인다.

> ㄱ. "겸손하게 묻기를 좋아하셨고, 자기주장을 버리고 남의 좋은 것을 좇기도 하셨다. 또 남에게 한 가지 선이 있으면 자기가 잘한 듯이 좋아하셨다. 자기에게 작은 실수가 있으면, 비록 필부의 말이라도 따르고 고치시는 데 인색하지 않으셨다. (又謙虛好問 舍己從人 人有一善 若出諸己 己有小失 雖匹夫言之 改之無吝色)"
> (「언행록2」, 정유일/鄭惟一, 589쪽)

> ㄴ. "선생께서는 일반인들과 말하실 때 부드럽게 말하고 다투지 않으셨다. 그러나 대부(大夫)와 얘기할 때는 반드시 정색하고 엄격히 따지고 사리를 분별하셨다. (先生與衆人言 和說無諍 與大夫言 未嘗不正色極言辨之)(「언행록2」, 이국필/李國弼), 593쪽)

> ㄷ. "선생께서는 여러 사람과 이야기할 때, 그 말이 맞으면 기쁘

게 응하셨고, 부당하다면 묵묵히 답변하지 않으셨다. (先生與衆

人言, 其言有理 則欣然應之, 如有不當者, 則默而不答)"(「언행록2」, 이덕

홍, 594쪽)

ㄹ. "비록 여러 의견이 다투어 일어나도 거기에 휩쓸리지 않으셨

고, 말씀하실 때는 반드시 상대방의 말이 다 끝난 다음에 서

서히 조리 있는 한 마디로 말하셨다. 그때에도 반드시 당신의

말씀이 옳다고 단정하지 않으시고, 오직 '내 부끄러운 견해가

이러한데, 어떨까?'라고 하셨다. (雖群言競起 而不爲參錯 說話必待

彼言之定 然後徐以一言條析之 然不必爲其是 第曰鄙見如此 未知如何)"

(「언행록2」, 김성일, 584쪽)

④ 손님 접대

손님 접대 시에도 일정한 원칙이 느껴지고, 이 원칙의 중심에

는 어떤 자제(自制)가 있다. 그리고 이 자제는, 경이 강조하듯이,

자기 존중과 타자 존중으로 이뤄지지 않나 싶다.

"손님을 접대하여 음식을 차릴 때, 반드시 집의 형편대로 했다.

귀한 손님이 와도 성찬을 차리지 않았고, 비천하고 어린 사람이

라고 해서 홀대하지 않으셨다. (對客設食, 必稱家有無, 雖貴客至, 亦不
盛饌, 雖卑幼, 亦不忽焉)"(「언행록3」, 김성일, 625쪽)

⑤ 집안 단속

이 겸애의 태도는 자식들 뿐만 아니라 종을 포함하는 집안사
람들을 단속할 때에도 드러난다.

> "자손들이 잘못을 저질러도 심하게 책하지 않고, 조용히 훈계하
> 고 거듭 타일러 스스로 깨우치게 했다. 비록 종들에게도 한 번도
> 노하고 꾸짖는 일이 없으셨다. (子孫有過 則不爲峻責 警誨諄復, 俾自感
> 悟, 雖俾僕亦未嘗遽加嗔罵)"(「언행록2」, 김성일, 612쪽)

퇴계의 특징은 분노하지 않았다는 데 있다. 특히 마지막 원칙
은 중요해 보인다. 그것은 상대가 어리거나 천한 신분이어도 그
가 함부로 대하지 않았음을 보여준다. 이것은 1500년대 몽테뉴
도 비슷했다. 그는 하인에게 아무렇게나 하대하지 않았던 것으
로 알려져 있다. 퇴계의 이러한 태도는 물론 그 시대의 신분적
구분을 문제시하는 데까지 나아가지는 못했다. 그러나 그렇다고

그런 구분 아래 묶이는 모든 차별과 하대를 당연시한 것은 아니었을 것이다. 그는 인류의 경계를, 적어도 당대 인식체계의 틀 안에서는, 최대한으로 지켰던 것으로 보인다.

⑥ 음식 습관

절도(節度) 혹은 자기 절제는 퇴계의 태도 곳곳에 드러난다. 그것은 그의 언행의 주된 특성을 이루면서 식생활에서의 검소함으로 이어진다. 이 검소한 생활은 술을 마실 때나 손님 접대에서도 보인다.

> "손님과 함께 음식을 드실 때는 수저 소리를 내지 않으셨다. 음식의 절도는 끼니마다 세 가지 반찬을 넘지 않으셨다… 전에 내가 도산에서 선생을 모시고 식사했는데, 상에는 가지와 무와 미역만 있었다… 선생은 술을 드려도 취하도록 드시지 않고, 약간 얼큰할 정도에서 끝내셨다. 손님을 접대할 때는 양대로 권했으며, 접대의 성의를 다하셨다."(「언행록3」, 김성일, 628쪽)

⑦ 조상 모시기

식생활의 절제는 조상모시는 일(奉先)에서도 확인된다. 물론 음식의 절제는 떠나신 부모/조상에 대한 예의의 정신에서 올 것이다. 음식의 절제는 곧 정신의 절제다.

> "제삿날에는 술이나 고기를 들지 않았고, 비록 제사에 참여하지 않아도 사랑에서 엄숙하게 지내며 그날을 보내셨다(忌日 不設酒, 不受肉, 雖不與祭, 齋居外寢以終日)."(「언행록2」, 김성일, 607쪽)[131]

---

131 이것은 상가(喪家)에서 보인 공자의 태도를 떠올리게 한다. "공자는 상을 당한 사람의 옆에서 음식을 먹을 때는 배부르게 먹지 않았다. 이날 곡을 하시면서도 노래를 부르지는 않았다. (子食於有喪者之側, 未嘗飽也. 子於是日哭, 則不歌)", 『논어』, 「술이(述而)」

IV

율기(律己)의 자기 형성학

—부드러운 도덕 문화를 향해

무릇 정심(正心), 성의(誠意), 치지(致知), 격물(格物)은
모두 수신(修身)의 방법입니다.

_ 왕양명, 『전습록(傳習錄)』(1520), 174조목

지금까지 나는 세 단계의 절차를 밟아왔다. I부에서 교양 이
념의 개념사적 조감과 그 한계 그리고 이 글 전체의 논의 과정을
알아보았고, II부에서는 괴테의 두 작품 – 『빌헬름 마이스터의 수
업시대』와 『빌헬름 마이스터의 편력시대』를 분석하면서 그 교
양교육적 구상을 살펴보았으며, III부에서는 퇴계의 『자성록』과
『언행록』을 포함하는 여러 글을 중심으로 그의 수신적 성찰 내용
을 살펴보았다. 이로써 이 글은 마지막 단계에 이르렀다. 이 글
은, 다시 강조하여, 교양과 수신에 대한 동서양의 비교문학적 비
교문화적 고찰을 위한 시론(試論)이라는 성격을 가진다.

동양에서 공부란 무엇보다 수신(修身)을 가리킨다. 수신이란
왕이나 국가를 위해, 혹은 천도(天道)를 위해 자기 몸을 닦고 심
성을 연마하는 것이다. 그러나 이 수신적 연마에서 감각이 어떠

하고, 예술 교육이 어떠한 역할을 하는지에 대한 언급이 없다. 이를테면 괴테나 토마스만의 작품에서는 예술이나 감각에 대한 언급이 많은 데 비해, 동양의 수신 개념에는 그렇지 않는 것이다. 또 유학에서는 개인적 자발성과 자율적 결정에 대한 존중도 부족해 보인다.

물론 유학에서, 사단칠정론(四端七情論)에서 보듯이, 정(情)에 대한 논의는 많고, 기(氣)에 대한 논의는 더 많다. 그러나 이 둘은 대개 이(理)와의 관계 속에서 담론적 형식으로 거론된다. 그렇다는 것은 동양에서의 교양교육적 논의가 도(道)/이치(理)/본성(性)/원칙(體)의 틀 안에서 이뤄졌음을 뜻하고, 그러니만큼 추상적이고 도식적 차원에 머물렀다는 것을 보여준다.

도리도 중요하지만, 이 도리를 이루는 감각적, 감성적, 정서적 차원에 대한 물음은 더 중요하고, 나아가 이 감각과 감정이 몸에서 일어나고, 또 일상에서 어떻게 체험되는가는 더더욱 중요하다. 그런 점에서 감각과 감정은 이치/도리보다 더 근본적이지 않을 수 없다. 이것은 동양에서의 수신과 수양 개념이 나/주체를 향한 것이긴 하지만, 감각이나 육체, 나아가 실존의 문제를 도외시한 사실과 관련된다. 더 정확히 말하자. 해당 사안을 '도외시'했다기보다는, 적어도 '근본적으로 다루었다'고 볼 수는 없다.

그에 반해 괴테의 교양 개념은, 『빌헬름 마이스터의 수업시대』가 보여주듯이, 연극을 중심으로 펼쳐진다. 『빌헬름 마이스터의 편력시대』 또한 삶의 여러 영역과 여러 분과를 포괄하지만, 그것은, 많은 시와 자연 묘사가 보여주듯이, 무엇보다 느낌과 정서에 관한 것이다. '탑의 결사'의 핵심목표는 다름 아닌 '예술 감각의 형성(Ausbildung der Kunstsinne)'이었다.

왜 감각과 감정과 실존이 모든 교양교육적 수신적 논의에서 먼저 논의되어야 하는가? 그것은, 거두절미하고, 실천 때문이다. 왕양명은 『전습록』에서 이렇게 썼다. "알면서도 행하지 않는 것은 다만 아직 알지 못한 것이다(知而不行, 只是未知)."[132] 동양 고전에서와는 달리 서양의 교양론에서는, 괴테에게서 보는 것처럼, 자기 형성의 문제에서 예술의 역할을 적극적으로 끌어들였다. 괴테는 두 저작을 통해 문학 예술이 어떻게 좋은 것을 좋은 것으로 느끼고 아름다운 것을 아름다운 것으로 여길 수 있게 하는지, 그리하여 '좋은 정신과 취향'은 어떻게 길러지는지를 고민했다.[133] 그는 감각과 감성의 가능성을 심미적 형성의 도덕적 작용

---

132 왕양명, 「5조목」, 『전습록(傳習錄)』, 정인재/한정길 역주, 88쪽

133 괴테는 이렇게 적고 있다. "나에게 문학과, 이 문학과 관련된 모든 것에 대한 애착이 솟아오르네. 그래서 내게 꼭 있어야 하는 향유의 측면에서도, 그저 좋은 것을 실제로 좋은 것으로, 아름다운 것을 아름다운 것으로 점차 여길 수 있도록, 나의 정신과 취향을 형성하고 싶은 욕구가 생기네." Johann Wolfgang von Goethe, *Wilhelm Meisters Lehrjahre*, a. a. O., S. 292.

조건 아래 추구한 것이다.[134]

이 Ⅳ부에서 나는 괴테와 퇴계에 나타난 자기 교육적 구상을, 최대한으로 줄여, 3가지 항목에서 고찰해보고자 한다. 퇴계의 수신론에서 핵심적 원칙은 첫째, "허명(虛名)의 누(累)"를 두려워하면서 부단히 노력하고, 둘째, "자처하지 않으며", 셋째, "자기 존중의 공경하는 마음"을 갖는 데서 시작한다. 이 세 가지 – 두려움 속의 노력과 자처하지 않음, 그리고 자기 존중의 공경은 적극적 능동적 의미의 도덕이 아니다. 그것은 '강성(强性) 도덕(hard morality)'이 아니라 '연성(軟性) 도덕(soft morality)'이다.

강성 도덕이 선악의 분명한 구분 아래 악의 처벌을 목표로 한다면, 연성 도덕은 악의 처벌보다는 선의 장려를 목표로 삼는다. 강성 도덕이 선과 악의 대립을 강조하면서 그 악에 집중한다면, 연성 도덕은, 비록 선과 악이 때로는 뒤섞여 있다고 믿음에도 불구하고, 선한 행위를 장려하고 나쁜 행위는 단념시키고자 애쓴다. 그리하여, 다소 거칠게 구분하여, 강한 도덕론자가 싸움과 전쟁을 중시하는 반면에, 부드러운 도덕론자는 타협과 조정 그리고 평화를 중시한다고 할 수 있다. 정치적 현실에서는 승리하는 것은 물론 강경도덕론자다. 그들은 늘 싸울 준비가 되어 있기 때문이다.

---

134 괴테는 "심미적 형성은 도덕적 효과 없이 있기 어렵다"는 사실을 거듭 강조한다. Johann Wolfgang von Goethe, *Wilhelm Meisters Wanderjahre*, a. a. O., S. 156.

그러나 인간의 현실은 흔히 상정되는 것보다 훨씬 복잡하다는 사실도 자명하다. 우리는 삶의 모든 가능성에 우리 자신을 열어 두면서 살아가야 하고, 그런 점에서 우리의 현실대응방식은 더 유연하고 복합적이어야 한다. 앞서 다루었던 두 거장의 비교문화적 논의에서 우리가 확인한 것도 바로 이 연성 도덕을 둘러싼 사회 변화의 점진적 가능성이었다고 할 수 있다. 그래서 그 자기 교육적 성찰을 나는 일종의 '율기(律己)의 자기 형성학'이라고 부르고자 한다.

1 "허명(虛名)의 누(累)" ― 두려움과 노력

퇴계에게 학문은 글을 외워 명성을 쌓고, 문장을 써서 이록(利祿)을 취하기 위해서가 아니었다. 그것은 자기를 연마하고 마음을 돌보는 일이었다. 계신공구의 태도는 여기에서 나온다. 그것은 단순히 학문적 자세로 그치는 것이 아니라 생활의 태도이고, 사람을 만날 때의 방식이며, 나아가 삶의 방식이기도 했다.

조심하는 태도는 『경재잠(敬齋箴)』에 아주 잘 나타나 있다. 몇 구절만 살펴보자. "땅을 밟을 때는 가려 밟고, 개미집도 돌아가라. 문을 나서면 손님 맞듯 하고, 일은 제사지내듯 하라. 전전긍긍 두려워하고 조심하며, 감히 경솔하거나 안이하게 하지 말라. 입은 병처럼 다물고, 뜻은 성을 지키듯 하라. (擇地而蹈, 折旋蟻封. 出門如賓, 承事如祭, 戰戰兢兢, 罔敢或易, 守口如瓶, 防意如城)[135] 이 몇 구절에는 행동하는 것의 요체가 거의 다 들어있는 것처럼 느껴진다.

조심하고 두려워하는 마음, 이 마음 아래 이뤄진 더 나은 것을 향한 노력, 여기에서 퇴계의 모든 삶은 시작되고 끝나는 것처럼 보인다. 그는 나이 58세 무렵 이율곡에게 썼다. "나 황(滉)은 처음만이 아니라 늙어 머리세기가 더욱 심하여, 언제나 내 일상을 허망하게 낭비할까 늘 두렵습니다. (若如滉者, 非但厥初, 至白首尤甚, 常恐吾生之浪過)"[136]

퇴계처럼 뛰어난 학자가, 그런 성실과 성취 그리고 그 공경의

135　그러나 퇴계에게 있어서도, 동양의 큰 사상가에게 그러하듯이, 어떠한 중요한 구절은 기존의 고전에 대한 '다시 쓰기이자 다르게 쓰기'이다. 『경재잠』에 나오는 "문을 나서면 손님 맞듯이 하고, 일은 제사지내듯이 하라(出門如賓, 承事如祭)"도 그렇다. 이 구절은 『논어』「안연(顔淵)」, 12장에 이미 나온다. "중궁이 인에 대해 묻자 공자는 말씀하셨다. 문을 나갔을 때는 큰 손님을 만난 듯이 하고, 백성을 부릴 때는 큰 제사를 받들 듯 하며, 자기가 하고자 하지 않는 것을 남에게 베풀지 말라(仲弓問仁. 子曰. "出門如見大賓, 使民如承大祭. 己所不欲, 勿施於人)." 이런 대목에서 우리는 동양학에서 말해지는 '사상의 고유성 혹은 특수성'이라는 관념과 어떻게 비판적 거리를 두어야 하는지를 생각하게 된다.

136　이황, 「답이숙헌(答李叔獻)」(1558), 『퇴계집』, 322쪽

자세에도 불구하고 그같은 두려움을 가졌다는 것은 놀라운 일이 아닐 수 없다. 그는 자신의 "헛된 이름이 끼친 누가 날이 가면 갈수록 더해지는 것(虛名之累愈久愈甚)"을 걱정하면서도, "끊어졌던 동방의 학문을 주창하고자(爲東方絶學之倡蔑不可矣)" 애썼다.[137] 이것은 1559년 무렵의 일이다. 박학(博學)과 심문(審問), 신사(愼思)와 명변(明辯)의 학문적 태도도 허명지루에 대한 조심스런 마음에서 시작하는 것이다.

괴테 역시 『빌헬름 마이스터의 수업시대』에서 "나는 도덕이 식이요법과 같다고 생각합니다. 생활 규칙으로 정해지면, 그것은 일평생 도외시하면 안 되니까요."라고 썼고[138], 그 때문에 『빌헬름 마이스터의 편력시대』에서는 마치 디오게네스처럼, "밝은 대낮에도 등불을 끄지 않는" 것이 필요하다고 적고 있다.[139] 뒤의 말은 '체념한 자' 야르노가 빌헬름에게 한 말이다. 그러니까 체념한 자는 완전히 자포자기한 자가 아니다. 체념한 자에게 체념은 운명의 전부가 아니라 그 불가항력적 한계에 대해서만 해당된다고 보아야 한다.

그리하여 괴테적 체념은 운명의 한계에 대한 수락일 뿐, 한계

---

137 이황, 「답기명언(答奇明彦)」, 『퇴계집』, 364쪽

138 Johann Wolfgang von Goethe, *Wilhelm Meisters Lehrjahre*, S. 459f.

139 Johann Wolfgang von Goethe, *Wilhelm Meisters Wanderjahre*, a. a. O., S. 33.

이외의 가능성에 대해서는 열려있다고 할 수 있다. 이 열린 가능성은 계속 탐색되어야 한다. 이런 점에서도 깊이 생각하는 일 – '신사(愼思)'는 체념한 자에게 절실하다. 이것은 독일어로 옮기면, 곧 'mit sich zu Rate gehen'이다. 『빌헬름 마이스터의 수업시대』에는 이런 구절이 나온다. "삶에서나 예술에서 뭔가를 하고 또 이뤄내려 한다면, 사람은 깊이 생각해야 한다는 것을 저는 잘 압니다."[140]

애써 알고 힘써 행하는 수련(困知勉行)은, 삶의 갱신을 원하는 한, 불가피하다. 그리고 이 노력 속에서 인간은 하나가 된다. "어떤 진실하고 선한 것에 대한, 그리고 그런 것의 가능한 형성에 대한 정열이야말로 우리를 결합시킨다."[141] 이 지구가 살 만한 인간의 공간이 되는 것도 진선미에 대한 정열의 이 같은 연대 속에서다. 테레제라는 인물을 통해 괴테는 말한다. "사람이 산과 강 그리고 도시만 있다고 여긴다면, 이 세상은 참으로 공허할 겁니다. 하지만 우리와 일치하는 사람이 여기저기 있다는 것을 알고, 그들과 말없이 더불어 계속 살아간다는 사실 때문에, 이 지구는 비로소 사람이 사는 정원이 됩니다."[142]

140 Johann Wolfgang von Goethe, *Wilhelm Meisters Lehrjahre.*, a. a. O., S. 484.

141 Johann Wolfgang von Goethe, *Wilhelm Meisters Wanderjahre*, a. a. O., S. 422.

142 Johann Wolfgang von Goethe, *Wilhelm Meisters Lehrjahre.*, a. a. O., S. 444.

2 자처(自處)하지 않는 것

  퇴계가 기명언(奇明彦)에게 답하는 글에는 오늘날 학자가 취해야 할 자세(今日之道)가 나온다. 몇 가지 인상적인 대목을 적어보자.

  "자신을 지나치게 높여 처신하지 말고, 너무 급히 세상을 경륜하려 말고, 모든 일에서 자기주장을 너무 높게 하지 말아야 합니다. (勿太高於自處, 勿遽勇於經世, 凡百勿太過於自主張)"

  "나의 학문은 이르지 못했으니, 조용히 수양하고 더욱 정진해야 할 때가 바로 지금이라고 여겨야 합니다. (我學未至, 靜修進益, 今其時矣)"

  "항상 자기가 부족하다는 것을 알아 자만하려는 뜻을 갖지 않고, 자기 과오에 대해 듣는 것을 기뻐하고, 선을 즐겨 얻어서, 참되게 자기 힘을 오래 쌓으면, 도가 이뤄지고 덕이 세워질 것입니다. (常歉然有不自滿之意, 喜聞過, 樂取善, 而眞積力久, 則道成而德立)"

  "만약 두려워할 줄 모르고 자처하게 된다면, 그 이름과 실제가 맞지 않아서 문식으로 덮여 무너지는 것을 면치 못하고, 자기를 속이고 남을 속이게 되니, 그 종말에는 실패로 돌아가게 됩니다. (若不知懼, 祐受而自處, 則其名實未副之處, 不免有文飾蓋覆, 以自欺而欺人, 此勢

所必至, 然則其末之顚躓)"**143**

이것은 기대승(奇大升, 1527-1572)과의 편지에 나오는 글이고, 명언(明彦)은 그의 자(字)이다. 1559년-1560년 사이의 일이니, 퇴계 나이 59-60세 무렵이었을 때다. 다른 글에서처럼 여기에서도 새겨들어야 할 여러 사항이 들어있으나, 몇 가지만 추리면 이렇게 될 것이다.

첫째, "자신을 지나치게 높여 처신하지 않는 것(勿太高於自處)"이다. 이것은 바로 이어지는 말 - "모든 일에서 자기주장을 너무 높게 하지 않는 것(凡百勿太過於自主張)"과 비슷한 뜻이다. 그러기보다는 "조용히 수양하고 더욱 정진하는 것(靜修進益)"이 필요하다.

둘째, 늘 부족하다고 여겨서 "자기 과오에 대해 듣는 것을 기뻐하고, 선을 즐겨 얻어라(喜聞過, 樂取善)".

셋째, 두려움을 모르고 자처하면, "이름과 실제가 맞지 않아

---

143 이황, 「기명언에게 답함」과 그 「별지(別紙)」『퇴계집』(장기근 역저), 358-362쪽 참조; 『퇴계선집』, 170-171쪽과 194쪽 참조. 자처하지 않는 것은 내세우거나 내색하지 않는 것인데, 이런 태도는 『목민심서(牧民心書)』에서 거듭 강조되는 관리의 덕목이기도 하다. "자기가 베푼 것은 말도 하지 말고, 덕을 주었다는 표정도 짓지 말고, 다른 사람에게 이야기도 하지 말아야 한다… (재물의 희사시) 만일 물어보는 사람이 있으면, '이번에는 그만큼 내어놓았지만, 다음에는 그렇게도 못할까 두렵다'고 말하고, 말머리를 돌려 다른 이야기를 꺼내어 다시는 정황하게 늘어놓지 않는 것이 좋다." 정약용(최박광 역해), 『목민심서』, 동서문화사, 2011, 76-77쪽

서 문식으로 덮여 무너지는 것을 면치 못하고, 자기를 속이고 남을 속이게 된다(則其名實未副之處, 不免有文飾蓋覆, 以自欺而欺人)".

이 세 가지 사항이 말하는 것은 결국 하나 – 지나치게 자처하지 말라로 수렴된다. 그럴 경우 자기를 과장되게 평가하여 그 이름과 실제가 맞지 않게 되기 때문이다. 글의 장식(文飾)으로 뒤덮여 결국 "자기와 다른 사람을 속이게 되는" 것도 이렇게 해서 일어난다. 그리하여 자기 자신과 타인을 속이지 않기 위해서라도 과장과 자처, 자만과 지나친 자기주장을 삼가야 한다.

그런데 흥미로운 것은 퇴계의 이 같은 경계가 괴테에게서도 없지 않다는 사실이다. 이를테면 괴테가 『빌헬름 마이스터의 수업시대』에 나오는 빌헬름의 입을 빌려 다음과 같이 말할 때, 우리는 이 두 사람의 문제의식이 지닌 상호친화성을 느끼게 된다. 이 구절은 연극 생활을 하면서 어떻게 보냈느냐는 로타리오의 물음에 대하여 빌헬름이 연극단원들과의 경험을 생생하게 전하는 대목이지만, 이 내용은 세상 사람들의 일반적 행동 방식에 대한 논평으로 보인다. 이것을 우리는 이미 II부 「3장 괴테적 교양 세계」 가운데 「2) 고귀함」에서 다뤘지만, 여기에서는 일부 사항만 언급하고자 한다.

"연극에 대해서는 많이 얘기하지만, 그러나 직접 무대에 서지 않고는 바르게 생각할 수 없는 일이지요. 이 사람들이 얼마나 자기 자신조차 모르고 있는지, 얼마나 자기 일을 아무런 사려 없이 행하고 있는지, 또 그들의 요구 조건은 얼마나 한도 끝도 없는지, 그들은 아무런 개념이 없지요. 그들은 최고가 되고자 할 뿐만 아니라 유일무이한 사람이 되고자 해요. (ㄱ) 모든 다른 것은 기꺼이 배제하려 하지만, 그들과 같이 거의 아무 것도 하지 못한다는 것도 알지 못합니다. 그러면서도 스스로는 놀라울 정도로 독창적이라고 여기고, 구태의연한 것을 벗어난 일에서는 자기를 찾지 못합니다. 그래서 뭔가 새로운 것을 찾아 해매는 가운데 늘 불안해하지요. 그들은 또 얼마나 거칠게 서로 행동하는지! 그들을 서로 묶어주는 것은 그저 보잘것없는 자부심과 좁은 이기심뿐이지요. (ㄴ)… 끊이지 않는 불신이 은밀한 악의와 비난 아래 이어집니다. 단정하게 살면 바보가 되지요. 누구나 무조건적 존경을 바라고, 조금만 비난받으면 민감해져요. (ㄷ) 이 모든 것을 그 자신도 잘 압니다! 그런데도 왜 그는 그에 반하는 일을 할까요? 그들은 언제나 궁색하게, 그리고 아무런 신뢰 없이 살아가고, 이성과 좋은 취미를 아주 두려워하는 것처럼 보이고, 그들 개인적 자의를 제왕처럼 행사하려는 듯 보여요. (ㄹ)"**144**

---

144 Johann Wolfgang von Goethe, *Wilhelm Meisters Lehrjahre*, a. a. O., S. 433f. ㄱ, ㄴ, ㄷ, ㄹ 표시는 필자가 덧붙인 것이다.

위 인용문에서 거론하는 행동의 종류는 많다. 그러나 앞서 적은 것처럼, '해서 안 되는 행동'의 관점에서 중요한 네 가지를 적어보자.

ㄱ. "최고"나 "유일무이한 사람이 되고자 하지" 않는 것. 이것은, 다른 식으로 말하여, 자기를 내세우지 않는 것이다. 그런 점에서 괴테의 이 말은 퇴계가 말한 바―"자신을 지나치게 높여 처신하지 않는 것(勿太高於自處)"과 통한다.

ㄴ. "보잘것없는 자부심과 좁은 이기심(die kleinlichste Eigenliebe, der beschränkteeste Eigennutz)"을 넘어서는 것. 이것은 옹졸한 자부심과 이기심을 피하는 일이다. 이것은 앞의 사항(ㄱ)과도 통하고, 또 퇴계의 말―"모든 일에서 자기 주장을 너무 높게 하지 않는 것(凡百勿太過於自主張)"과 비슷해 보인다. 그러기보다는 "조용히 수양하고 더욱 정진하는 것(靜修進益)"이 필요하다는 것이다.

ㄷ. "무조건적 존경을 바라지(macht Anspruch auf die unbedingteste Achtung)" 않고, "조금이라도 비난받아도 민감해지지(empfindlich gegen den mindesten Tadel)" 않는 것이다. 이것은 명성 추구의 자제와 비난의 감수를 뜻한다. 그런 점에서 이것은 "자기 과오에 대해 듣는 것을 기뻐하고, 선을 즐겨 얻

어라(喜聞過, 樂取善)"는 퇴계의 전언과 통한다.

ㄹ. "개인적 자의를 마치 제왕처럼 행사하려 하지(das Majestätsrecht ihrer persönlichen Willkür zu erhalten suchen)" 않는 것. 이것은 특권의식의 포기를 뜻할 것이다. 나아가면, 두려움을 알고, "문식을 삼감"으로써 "자기를 속이고 남을 속이게 되는" 일을 피하라는 일과 이어진다.

이 모든 것은, 한 마디로 요약하여, 자기를 지나치게 내세우지 말라는 것이다. 지나친 자부심은 이기심의 또 다른 표현이고, 그것은 허영심과 다를 수 없다. 거꾸로 자기 자신만 생각하는 것은 자부심을 버리는 것과 마찬가지다. 둘은 모두 특권의식의 동일한 표현이고, 따라서 자기 직시에 서툰 결과가 된다. 그리하여 이 둘은 다같이 자기 자신과 다른 사람을 속이는 데로 귀착한다. 그러므로 필요한 것은, 퇴계의 말을 빌리면, "자기 과오에 대해 듣는 것을 기뻐하고, 선을 얻기를 즐기는(喜聞過, 樂取善)" 것이다.

3 경(敬) 혹은 '외경(畏敬)' — 자기 존중으로부터

II부 3장 「괴테적 교양세계」 가운데 「2) 고귀함」에서 나는 '기품있는 태도'와 관련하여 '주의하다' 혹은 '경(敬)'의 태도에 대해 잠시 언급한 바 있다. 많은 사람들과 무리지어 어울리기보다는 조용히 앉아 마음을 맑게 하고(黙坐澄心), 자기를 지키는 가운데 이치를 밝히고 성찰하는 일, 그것이 퇴계가 추구하는 바였다. 이것은 앞서 보았던 「공부와 실천의 5가지 원칙」 – "경내의외(敬內義外)"와 "계신공구", "학문사변독행(學問思辨篤行)", "극기복례" 그리고 "감공형평(鑑空衡平)"에서 이미 확인한 바였다.

그런데 이 모든 것의 바탕으로서의 '경'은, 흥미롭게도, 괴테에게서도 나타난다. 괴테는 '주의하다(achthaben)'라는 말을 '조심하다(aufmerken/aufmerksam sein)' 혹은 '경외심(Ehrfurcht)'와 같이 여러 단어로 변주하면서 더 깊게 다루고 있다.

『빌헬름 마이스터의 편력시대』에서 빌헬름은 아들 펠릭스와 이곳저곳을 방랑하는데, 이들이 들린 곳에는 이른바 '교육주'도 있었다. 이 특이한 시설은 실제로 1700년대 유럽의 몇 군데에 있었던 것으로 전해진다.

가령 스위스에서 페스탈로치(J. H. Pestalozzi)의 제자 펠렌베르크

(P. E. v. Fellenberg, 1771-1844)가 베른 시 근교에 지은 곳도 그런 시설의 하나였고, 괴테는 이 교육시설에 관심을 가졌던 것으로 전해진다. 빌헬름은 이 교육주에 머무는 '세 어른(die Drei)'과 만나 아이 교육에 대해, 또 예의 있는 행동과 인사법에 대해 묻는다. 이들은 인간이 모든 방면에서 하나의 인간으로 되는데 중요한 하나가 바로 "경외심(Ehrfurcht)"이라고 답변한다. 그러면서 이렇게 설명한다.

"인간은, 알려지든 알려지지 않든, 거대한 존재를 두려워합니다. 강한 자는 이 존재와 싸워 이기고자 하고, 약한 자는 피하려 합니다. 하지만 둘 다 이로부터 벗어나고자 합니다. 그래서 그것을 잠시 제쳐두어서, 그들의 본성이 자유와 독립을 다시 되찾을 때, 행복해 합니다. 사람은 보통 이런 일을 삶에서 수백 만 번 되풀이합니다. 그는 공포로부터 벗어나 자유를 얻고자 애쓰고, 자유로부터 공포로 내몰려 더 이상 조금도 나아가지 못합니다. 두려워하는 것은 쉽지만 괴로운 일이고, 경외심을 품는 것은 어렵지만 편한 일입니다… 경외심은 인간의 천성에 주어져야 할 더 높은 감각이고, 특별히 은혜 받은 사람들에게만 펼쳐지는 더 높은 감각이기에, 옛날부터 사람들은 그들을 성자나 신으로 여겨왔습니다. 여기에 품위가 있고, 여기에 모든 진실한 종교의 일이 있습니다…

공포에 기초한 어떤 종교도 존중받지 못합니다. 그러나 인간의 내면에 존재하는 경외심을 가진다면, 그는 남을 존중하면서도 스스로 존중받게 됩니다. 그는 공포감을 가질 때와 달리 자기와 불일치하지 않기 때문입니다."[145]

괴테에 의하면, 인간은 "공포와 자유" 사이에서 오고간다. 그는 공포 속에 있을 때 자유를 그리워하고, 자유 속에 있으면 이 자유가 불안하여 다시 어떤 것에 속박되려 한다. 그리하여 공포만 있는 삶은, 자유만 있는 삶과 마찬가지로, 불안정하다.

그렇다면 삶의 불안정은 어떻게 해소될 수 있는가? 거기에는 '공포'는 아니라고 해도 어느 정도의 '두려움'을 수반하는 것이 좋고, 또 '완전한' 자유는 아니라고 해도 - 또 완전한 자유는 삶에서 불가능할 것이다 - '어느 정도의' 자유는 필요할 것이다. 이것은, 괴테의 의하면, '경외심'을 갖는 데서 가능하다. 경외심은 자유 속에서도 그 이상의 초월적 존재를 가정하는 일이고, 이 초월적 가정 속에서도 스스로 자유롭기 때문이다.

이에 대한 괴테의 설명은 특이하다. 즉 경외심은 "남을 존중하면서도 스스로 존중받게 되는" "보다 높은 감각"이라는 것이다. 그리하여 경외심 속에서 자기 존중과 타자 존중은 '상치되지

---

145 Johann Wolfgang von Goethe, *Wilhelm Meisters Wanderjahre*, a. a. O., S. 156.

않는다'. 다르게 표현하면, 외경심 속에서 자기 존중과 타자 존중은 일치한다. 혹은 자기 존중을 통해 타자 존중으로 나아가는 일이 바로 경외심이다.

흥미로운 것은, 이 경외심을 작품 속의 노인들은 세 가지로 나눈다는 사실이다. 첫째, 경외심이 '우리 위에' 있는 것을 향할 때, 이것은 '종족적 종교(die ethnische Religion)'라고 불린다. 둘째, '우리와 같은 것'을 향할 때, 이것은 '철학적 종교(philosophische Religion)'라고 불린다. 셋째, '우리 아래' 있는 것을 향할 때, 이것은 '기독교적 종교(christliche Religion)'로 불린다.[146] 말하자면 인간보다 높은 차원만을 향할 때 그 종교는 종족적 민족적 인종적 인식틀에서 움직이고, 동등성과 평등성을 고려할 때 그 종교는 철학적으로 되며, 자기보다 낮은 차원에도 열려 있을 때 그 종교는 기독교적이라는 뜻이다.

여기에서 기독교란, 괴테의, 또 서구 사회의 종교가 기독교인만큼 종교 일반에 대한 대용어가 될 것이다. 그런 점에서 이런 견해는 하나의 편견에 불과하지만, 하나의 믿음 체계가 종교라는 이름을 갖기 위해서는 초월적 차원과 평등적 차원 그리고 낮은 차원, 이 세 가지 모두에 열려 있어야 한다는 전언은 중요해 보인다.

---

146 Ebd., S. 156f.

이 세 종교 가운데 특히 어떤 종교를 믿는가라는 빌헬름의 물음에, 이들 노인은 '세 가지 모두'를 믿는다고 대답한다. 그 이유는 이 세 종교가 하나가 되었을 때, 비로소 참된 종교가 생겨나기 때문이라는 것이다. "이 세 가지 경외심으로부터 가장 높은 경외심, 즉 자기 자신에 대한 경외심이 생겨나고, 이 경외심으로부터 다시 세 가지 경외심이 펼쳐집니다. 그래서 인간은 그가 다다를 수 있는 최고 단계에 이르고, 자기 자신을 신과 자연이 창출해 낸 최고의 것으로 간주해도 좋게 됩니다. 그 때문에 그는 오만과 이기심으로 다시 비천하게 되는 일 없이 이 높이에서 머무르게 되지요."[147]

정리하자. 괴테의 '경외심' 개념은 체계적으로 논의된다. 그것은 나-인간보다 아래의 차원과, 그와 같은 차원 그리고 그보다 높은 차원에 두루 걸쳐 있다. 나/우리를 넘어서는 무엇에 대한 경외심일 때 그것은 민속적 종족적 차원에 머무르고, 우리와 동등한 것에 대한 경외감일 때 그것은 철학적 성격을 지니며, 우리보다 못한 것까지 아우를 때 그것은 기독교적 단계에 이르게 된다. 이 세 가지를 포용하면, 그것은 가장 높은 단계에 이른다.

주의할 것은 가장 높은 단계의 경외심이란 다름 아닌 '자기 자

---

147 Ebd., S. 157.

신에 대한 경외심'이라는 괴테의 생각이다. 그리하여 자기 자신에 대한 경외심 속에서 인간은 인간 자신이자 인간을 넘어선 존재 – 초월적 신적 차원으로 나아간다. 경외심 속에서 인간은 타인을 공경하면서, '동시에' 이 공경 덕분에 다른 사람의 공경을 받는 놀라운 체험을 할 수 있는 것이다. 이것이 괴테의 경외심 개념이다.

이러한 행로 – 자기 존중으로부터 타자 존중으로 나아가는 외경심은, 괴테의 의하면, "인간의 천성에 주어져야 할 더 높은 감각"이고, 그래서 "특별히 은혜 받은 사람들에게만 펼쳐지는 더 높은 감각"이다. 그리고 바로 그 때문에 여기에는 "품위"가 있고, "모든 진실한 종교의 일"이 있다. 이런 이유에서 그것은 단순히 종교의 일에 그치는 것이 아니라, 삶의 사안이고 인간의 태도여야 마땅해 보인다.

인간이 고귀하다는 것은 그가 자기 자신으로부터 타인에게 열려있고, 자기 존중으로부터 타자 존중으로 나아가는 데 있다면, 또 이렇게 나아가면서 '더 나은 것을 추구하는데(Streben nach dem Besseren)' 있다면, 이것은 모든 선한 인간의 윤리적 태도여야 마땅하다. 그런 점에서 그것은 유교적 수기치인(修己治人)의 길이고, 퇴계적 존성(存省)의 길이기도 하다. 지금 여기에 머물러 있는 것이 아니라, 그래서 현 상태에 자족하는 것이 아니라, 이 상태 너머의 가능성을 믿고 그 가능성을 추구하는 데서 품위가 자리하기 때문이다. 이것이 경외심의 경로이고 역학이며, 모든 종교의 일이자 바른 삶을 위한 실천적 태도다.

이제 마무리하자.

유교의 수신제가적 원칙이 동양에서는 어떤 현실적 의미를 갖고(첫째), 또 아시아 문화의 밖에서 보았을 때 어떤 객관적 설득력을 갖고 있는지(둘째), 또 그것이 서양의 전통 속에서 이를테면 고대 그리스 로마의 금욕적 자기 수련들과 비교하면 어떤 의미를 갖는지(셋째), 나아가 양의 동서를 막론하고, 개인의 교양교육적 수신적 덕목은 오늘의 전지구적 사회에서 어떻게 윤리적이면서도 이성적으로 변용될 수 있는지(넷째)와 같은 문제는 이미 몇몇 학자들에 의해 오래 전부터 논의되어 왔다. 이런 주제에 대하여 일관되면서도 폭넓은 관점 아래 논의해온 분이, 나의 판단으로는, 김우창 선생이지 않나 싶다.

김우창 선생은 미셀 푸코가 거론한 고대 그리스 로마의 금욕적 실천항목들 – "구체적인 인간관계, 일정한 안무(按舞) 규칙과 의례규칙에 따른 행동 절차, 고전의 가르침, 사례의 전승과 학습, 정신 집중 기술의 숙달", "편지 쓰는 습관, 저녁의 적절한 시간에 자리에 드는 것, 규칙적인 산책"에 대한 언급들이 16세기 이황의 『성학십도』에 나타난 '공구신독(恐懼愼獨)'의 구체적 행동 지침과 유사하다고 지적하면서, "좁은 지역의 테두리 안에서 이루어진 공동체들이 서로 부딪쳐 충돌하고 그 과정에서 생겨나는 혼란을 피하려면, 개인들의 우연한 만남을 선의의 관계로 엮어내는 이성적이고 민주적인 사회의 틀을 확장할 필요가 있"고, 이러한 확장은 "개인의 윤리적 변용" 속에서 가능하다는 것, 그리고 바로 이러한 개인의 윤리적 변용에 유교적 수신덕목과 고대 그리스 로마의 금욕적 자기 수련 원칙이 중대한 역할을 할 것이라고 진단한다.[148] 이러한 문제의식은 현대 사회의 윤리적 재구축과 관련하여 매우 중요한 문제이기 때문에, 다른 자리에서 더 자세한 읽기와 재성찰이 필요하지 않을까 싶다.

필자가 이 글에서 할 수 있는 것은 그보다 훨씬 작은 문제의식 – 앞서 언급한 '연성 도덕'과 관련된 한두 가지 생각이다. 그러면서도 이 작은 문제 역시 사소하지는 않고, 또 앞의 김우창 선생의 논의와 연결되는 것이기도 하다.

'정의(正義)'나 '권리', '의무'와 '해방' 같은 보편적 가치는 말할 것도 없이 중요하다. 그 때문에 이러한 강성 도덕은 존중되어야 한다. 그러나 그만큼이나 중요한 것은, 혹은 그보다 더 중요한

---

148 김우창, 「아시아의 주체성과 문화의 혼성화」(리차드 로티와의 서신교환), 『대담/
       인터뷰2』(김우창 전집 19권), 민음사, 2016년, 771쪽 이하

것은 '배려(care)'와 '존중', '돌봄'과 '두려움', '신중한 생각(慎思)'
과 '성찰극기의 다스림(省察克治)' 같은 연성의 덕성들이다. 강성
도덕이 외향화되어 있다면, 연성 도덕은 내향화되어 있다. 연성
도덕이 주체의 주체됨을 지향한다면, 강성 도덕은 주체의 대상
화에 관계한다. 그러면서도 연성 도덕은 강성 도덕마저 포용한
다. 그 때문에 연성 도덕의 범주적 외연은 훨씬 넓은 것이다.

　사실 교양과 수신에서 거론되는 거의 모든 덕목은 이와 같은
연성 도덕에 속한다. 왜냐하면 그것은 남이나 집단이 아니라 나
자신을 대상으로 하고 있고, 타자나 사회 혹은 국가를 향해 있
기 이전에 각 개인을 목표로 하기 때문이다. 부드러운 덕성들은
괴테에게서 '소명'과 '형성', '교육'과 '고귀함', '살아가는 기쁨'
과 '근심', '자유'와 '자발성', '배려' 그리고 '존중'과 '경외감' 등
으로 나타났고, 퇴계에서는 '경(敬)'과 '계신공구', '학문사변'과
'정이자수(靜以自守)', '수기안인(修己安人)'과 '존양성찰(存養省察)'
그리고 '자처하지 않음' 등으로 나타난다.

　퇴계에서든 괴테에서든, 이 두 사람에게 조심하고 사려깊으며
경외하고 배려하는 마음이 공통의 덕성으로 자리한다. 이때 우리
는, 괴테에 의지하여, 퇴계에게 없거나 모자라는 '살아가는 기쁨'
이나 '자발성'에 대한 강조를 보충해도 좋을 것이고, 나아가 오늘
의 관점에서 '관용' 같은 덕성을 첨가해도 좋을 것이다. 유학의 지

나친 경건주의는 이런 보충으로 좀 더 인간적인 모습을 띠게 될 것이다. 연성의 덕성들은 이 인간화를 적극적으로 활성화한다.

수양과 수신의 자기 교육적 프로그램은 근본적으로 연성이고, 이 연성 도덕 속에서 연성 사회를 지향한다. 연성 사회란 궁극적으로 도덕 문화적 사회일 것이다. 이 부드러운 사회와 관련하여 김우창 선생이 '자기 반성적 투쟁'을 강조할 때, 이 자기 반성적 투쟁 역시 연성적 도덕으로부터 나올 것이다.

> "평화를 평화적 수단으로만 추구할 수 없는 것도 마찬가지죠. 또 여러 사람이 사는 데 논리적으로 해결이 안 되는 양식들이 있다는 것을 인식해야 합니다. 지금도 좋은 사회를 실현하는 데는 투쟁이 필요합니다. 그러나 우리가 앞으로 보고 싶은 투쟁은 자기 반성적 투쟁입니다. 투쟁하면서 투쟁이 목표가 되어서는 안 된다는 것을 생각해야 하고, 궁극적으로는 좀 더 부드럽게 사는 사회를 목표하여야 할 것입니다."[149]

한국 사회에서는 아직도 투쟁이 필요하다. 그러나 그 투쟁은 저돌적 투쟁이 아니라 '반성된' 투쟁 – 외양화된 투쟁이 아니라

---

[149] 김우창, 「우리는 어디에 있으며, 무엇을 할 것인가」(2002), 『대담/인터뷰2』(김우창 전집19), 195쪽

내면적으로 성찰된 투쟁이다. 이 투쟁의 반성에 주체의 자기 연마와 수련은 필수적이다. 그리하여 모든 연성 도덕은 삶의 갈등이 아니라 조정을, 싸움이 아니라 화해를 지향한다.

개인의 자기 연마와 수련은 근본적으로 부드러운 도덕적 기율이다. (그 점에서 소극적이고 겸손하다고 할 수 있다) 그러면서 그것은 주체의 주체화 속에서 주체를 넘어 타자로 나아가고, 사회로 열려있다. (바로 그 점에서 그것은 현실적이며 유연하다고 할 수 있다) 그리고 그렇게 외부로 열려 있는 부드러운 도덕은, 주체의 반성운동으로 하여, 다시 자기로 돌아온다.

그러나 이때의 주체는 처음 출발할 때의 주체와는 다르다. 그는 이미 스스로 변하게 된 까닭이다. 그리하여 바람직한 연성 도덕은 주체의 내면으로부터 외면으로 나아가고, 다시 이 외면으로부터 내면으로 돌아오면서 자기 갱신과 자기 변모를 거듭하는 것이다. 이것이 자기 형성적 프로그램의 변증법적 변형 과정이다. 주체의 반성력, 공경하고 주의하며 연마하는 노력은 바로 이자발적 변형 과정을 추동한다.

그러므로 타자 개선도 주체 개선으로부터 시작하지 않으면 안된다. 주체의 바른 주체됨, 인간의 바른 인간화는 이런 자기 갱신적 과정 속에서 시도된다. 부드러운 도덕사회는 바로 그 과정의 궁극적 목표가 될 것이다. 이것은 교양과 수신의 현대적 형식이다.

V

쓸모로부터 진실을 넘어 아름다움으로

— 결론

옛 고전의 현재적 의미에 대해 퇴계는 「소학제사(小學題辭)」에서 이렇게 적고 있다.

"이전 가르침이 부족하지 않다고 해서 오늘날 남아있는 것이 아니다. 오늘은 이전 시대로부터 멀어졌고, 성인 또한 없어졌고, 경전도 쇠잔해졌으며, 교화도 해이해졌고, 어릴 때부터의 배움도 바르지 못하고, 커서는 부미한 풍속에 젖어 마을에 선한 풍속이 없어졌다. 세상에 좋은 인재가 없고, 이욕만이 어지럽게 얽히고, 이단의 말이 떠들썩하다. (昔非不足, 今豈有餘, 世遠人亡, 經殘敎弛, 蒙養弗端, 長益浮靡, 鄕無善俗, 世乏良才, 利欲紛拏, 異言喧豗)[150]

150　이황,『퇴계집』, 236쪽

『소학』이 작성된 때나, 이 『소학』에 대해 쓴 퇴계의 1500년대나, 아니면 이 「소학제사」를 읽는 2016년 오늘의 세계에서나 고전을 읽는 것은 드물다. 성인도 드물고 경전도 쇠잔하며, 교화도 해이해졌다. 선한 인재는 드물고 이욕이 분분하며, 곳곳에 낯선 언어들이 검증되지 않은 채 소용돌이치고 있다.

게다가 오늘의 사회는 과학 기술에 힘입어 역사의 그 어느 시대보다 물질화되어 있고, 교통발달로 인해 지방과 중앙, 나라와 나라가 묶어져 있으며, 인터넷 매체의 위력 아래 전지구가 일체화되고 있다. 현실의 변화는 유례없이 가속화되고 있고, 경험의 내용은 표피화되고 있다. 굳이 '아우라' 개념을 꺼내지 않더라도 의미나 실체는 참으로 포착하기 어렵고, 진리나 선의 문제는 이제는 사람과 무관한 것처럼 보이는 것이다.

이 불명료하고 혼돈스런 전지구적 유동현실 앞에서 '교양'이나 '수신'은 대체 어떤 현실적 정당성을 가질 것인가? 이것은 포스트모던적 후기자본주의 상품 사회에서 너무나 한가하거나 시대에 뒤떨어진 물음은 아닌가? 우리는 이렇게 물을 수 있다. 적어도 이 현실적 맥락을 고려하지 않는 교양과 수신의 논의는 공허하다고 말하지 않을 수 없다. 바로 이 점에서 다시 한번 정치의 역할 – 법률 제도적 디자인과 시민의 적극적 참여가 지닌 중요성은 절대적이다.

그러나 정치가 제대로 된 역할을 하려면 말할 것도 없이 정당을 비롯하여 정부와 행정 기구 그리고 관료 체제가 잘 운용되어야 하고, 위정자가 유능하고 정직해야 하며, 일반 시민의 의식이 각성되어 있어야 한다. 그리고 이 모든 것이 사회구성원의 태도 속에 일종의 관습(ethos)으로 뿌리내리고 있어야 한다. 윤리(ethics)는 행동과 사고의 이런 누적된 양식(樣式)으로부터 저절로 우러나오고, 이렇게 나온 생활 양식의 전체가 문화이기 때문이다. 그렇다는 것은 한 사회가 제대로 기능하려면, 그 사회에는 정직성이나 합리성, 윤리나 상식이 하나의 정신 문화적 토대로 자리해야 한다는 뜻이다. 이런 윤리적이고 문화적인 토대가 없다면, 어떤 사회도 인간적으로 선량하고, 구조적으로 평화로우며, 이념적으로 열려있는 사회라고 보기 어렵다. 자기 교육과 반성, 교양과 수신의 문제는 바로 여기에 관계한다.

아무리 시대가 급격하게 변하고, 사람의 경험 내용이 아무리 파편화되어 있다고 해도, 또 아무리 정치와 제도의 문제가 중요하다고 해도 자기 연마의 문제 – 교양과 수신의 문제는 그보다 우선한다고 나는 생각한다. 사회를 움직이는 것은 사회 구조 자체가 아니라 이 사회를 구성하는 인간 개개인이기 때문이다. 한나 아렌트(H. Arendt)가 인간의 보편적 덕목으로 간주한 – 그리고 이것은 민주시민의 조건이기도 할 터인데 – 사고능력과 주체성 그리고 자발성, 나아가 공감(compassion)과 연대(solidarity)의 능력도 각 개인이 저마다 가진 독특한 기질과 성격의 지속적 연마에서 시작된다. 인간 현실의 다양성도 각 개인이 지닌 독자성의 정련화에 다름 아니기 때문이다.

그런 점에서 인간 형성(Menschengestaltung)은 곧 세계 형성(Weltgestaltung)이다. 그리고 세계형성으로서의 인간 형성은 그 자체로 삶의 형성(Lebensgestaltung)이 아닐 수 없다. 인간 형성과 세계 형성 그리고 삶의 형성은 긴장적 평행관계에 있는 것이다. 개인의 형성사에는 사회의 변화사가 겹쳐 있다. 그러므로 우리는 수기치인(修己治人)의 사회정치적 비전, 그 현실적 맥락을 잊어선 안 된다.

괴테와 같은 거장에 대한 나의 해석도 서투르지만, 퇴계의 경학사상에 대한 나의 생각은 더욱 분수에 넘치는 일이다. 그것은, 이제 와서 돌아보면, 함부로 저질러진 참람하고 경솔하며 용렬한 일이 아닌가 여겨지기도 한다. 그러나 「교양과 수신」이라는 이 글에 매달리던 지난 대여섯 달 동안 그것은 내가 충분히 도전해볼 만한, 흥미롭고도 내실 있는 시간이었다.

괴테의 두 교양소설을 이번에 다시 읽은 것은 대학 시절 이래 거의 30년 만의 일이었다. 퇴계의 대부분의 글은, 『자성록』이나 『성학십도』는 이번에 다시 읽은 것이지만, 부끄럽게도 처음 읽는 것이었다. 그렇게 읽으면서 나는 중요한 구절은, 비록 초보적이긴 하지만, 한문 원문을 대조해서 읽어보았다. 한 자 한 자씩 천천히, 원문과 번역문을 비교하면서 읽는 그 시간이 내게는 무슨 향수(鄕愁)처럼 느껴지기도 했다. 고전의 의미는 이토록 느리게 그리고 에둘러서 찾아드는 것인가? 글은 대개 두세 번 퇴고하지만, 이번 글은 대여섯 번은 가다듬어야 했다. 그러면서 때로는 내 스스로가 몇 mm씩 나아가고, 사물의 질서도 조금 더 정연해져간다는 느낌도 받았다. 달팽이처럼 느린 걸음으로 쓴 이 글이 그나마 읽을 만하다면, 큰 다행이라고 여겨진다.

이제 남은 것은 무엇인가? 그것은, 되풀이 하건대, '근본으로 돌아가는' 일이다. 근본을 생각한다는 것은 무엇인가? 그것은 일의 본질과 말단(本末), 앞과 뒤(先後) 그리고 가벼움과 무거움(輕重)을 엄격히 가리는 일이다. 좋은 책을 쓰거나 좋은 말을 하기도 어렵지만, 설령 좋은 책과 말이 있다 해도 세상에 이롭기보다는 세상을 어지럽히는 데 기여하는 것이라면 그 이유는 무엇인가? 그것은 말과 글이 이 말단에, 패술(霸術)의 공리(功利)에 골몰하기 때문일 것이다.

오늘의 자본주의 사회에서 부자가 되기는 어렵지만, 어진 사람이 되기는 더욱 어렵다. 우리 모두가 부유하면서 동시에 어진 사람이 되는 것은 영원히 불가능할 지도 모른다.[151] 여러 가지 공부가 있을 것이지만, 어떤 공부가 된다고 해도, 적어도 그 출발은 바른 마음의 유지일 것이다. 이것은 결코 변함없을 것이라고 말해도 좋을 것이다. 이 마음공부에서 주체수련과 대상 탐구는, 거경과 궁리는 구분될 수 없다.

이런 전제 아래 요구되는 것은 부단히 노력하는 일 – 두루 익히고 되풀이하여 행하는(通習復行) 일이다. 혹은, 앞서 적었듯이, 곤지면행(困知勉行)이고 성찰극치(省察克治)다. 어렵게 알고 힘써 행하는 것. 그리고 성찰하여 자기를 이기내고 다스리는 일. "지극한 성실함은 쉬지 않는다. (至誠無息)"[152] 혹은, 비유적으로 말하여, '유정(惟精)의 노력' – 벼를 절구공이로 찧고, 키로 까불며, 체로 치고, 손으로 뉘를 골라내는 노력을 기울여야 한다.

---

151 "양호가 말했다. 부유하게 되면 어질지 못하고, 어질게 되면 부유하지 못하다. (陽虎曰. '爲富不仁也. 爲仁不富矣')", 『맹자(孟子)』, 「등문공상(滕文公上)」 이 문장이 말해주는 첫 번째 의미는 부와 어짐을 동시에 얻기 어렵다는 것일 것이다. 그러나 사실은 부유하기도 어렵고 어질기는 더 어려울 것이다. 사람은 어질지도 못하고 부유하지도 못한 채 평생을 산다. 돈과 관련하여 이런 재미있는 이야기가 『목민심서』에 실려 있다. "송나라 농부가 밭을 갈다가 옥을 주웠다. 이 옥을 그는 사성(司城)인 자한(子罕)에게 바쳤으나, 자한은 받지 않았다. 농부가 요청하기를, '이것은 우리 농부들의 보배입니다. 부디 상공께서 받아주십시오.'했으나 자한은 이렇게 대답했다. "그대는 옥을 보배로 삼고, 나는 받지 않는 것을 보배로 삼으니, 만일 내가 그것을 받는다면, 그대와 나는 모두 보배를 잃는 셈이네." 정약용(최박광 역해), 『목민심서』, 66쪽

152 『중용』, 26장

퇴계 역시 어떤 책이든 되풀이해서 읽고 쓰고 고치면서 이해와 실천의 발전을 도모하고자 했다. 괴테가 "한 사람의 역사는 그의 성격"이라고 쓴 것도 그런 이유에서일 것이다.[153] 그만큼 사람의 성격이나 심성, 인격이나 품성은 평생에 걸친 자기 수련 속에서 만들어지는 것이다. 괴테는 그런 노력을 한 작가라고 할 수 있다. 이 두 학인의 뜻은 '존성(存省)'이라는 말 안에 다 내포되어 있는 지도 모른다. 존성이란 보존하고(存) 성찰한다(省)는 뜻이기 때문이다. 혹은 그것은 '체찰(體察)' – 몸으로 성찰하는 일일 것이다. 여기에는 몸과 사유, 보존과 갱신이 동시에 들어있다.

그리하여 존성이나 체찰의 마음은 스스로를 지키면서 대상을 고쳐나간다. 그것은 스스로 살피고 키워가면서 자신을 넘어 사물과 사회의 더 나은 가능성으로 옮아간다. 이 '나은 곳'이란 어디인가? 그것은, 유학적 맥락에서 보면, 인(仁)을 실천하는 일이다. 인은 '애인(愛人)' – "사람을 사랑하는 것(愛人)"이라고 공자는, 번지(樊遲)가 물었을 때, 대답했다. (「안연(顔淵) 12」, 『논어』) 유학에서 세계의 이법과 인류의 이법이 하나라고 한다면(天人相應), 그리고 인이란 하나된 이법의 이 같은 체득에 있고, 이 체득의 방식이 사랑이라고 한다면, 사랑은 곧 나와 천지가 하나임을

---

153 Johann Wolfgang von Goethe, *Wilhelm Meisters Lehrjahre*, a. a. O., S. 443.

증명하는 일이다. 사랑은 인류의 바른 질서 속에서 세계의 질서를 구현하는 일체화의 방식인 것이다.

이 어진 마음, 이 마음의 사랑 속에서 우리는 세계를, 모든 사적 차원을 떠나, 조건 없이 사랑할 수 있을 것이다. 그것이 무차별적 겸애의 방식 아닐까? 그렇다는 것은 여하한의 인종적 언어적 국가적 종교적 문화적 경계를 넘어서야 한다는 뜻이고, 인위적이고 이념적인 차원의 있을 수 있는 왜곡을 경계해야 한다는 뜻이다. 괴테가 예술과 학문의 애국주의를 경계한 것은 그런 이유에서일 것이다. "애국적 예술이나 애국적 학문이란 있지 않다. 이 둘은, 높고 훌륭한 모든 것처럼, 온 세계에 속하며, 과거로부터 우리에게 남겨지고 알려진 것에 대한 부단한 고려 속에서, 오직 모든 살아있는 사람들의 일반적이고 자유로운 상호작용을 통해서만 촉진될 수 있다."[154]

이 열린 마음 속에서 우리는, 괴테가 적었듯이, 전통의 "오래된 기초를 존중하지만, 그러나 어딘가 다시 처음부터 기초를 놓는 권리를 포기해선 안 된다."[155] 그것은 괴테를 재해석하고 퇴계를 다시 읽으면서 '교양과 수신'의 현재적 의미를 검토하는 이 글에서도 마찬가지다. 뛰어난 전통은 과거의 그 모습 그대로가

---

154 Johann Wolfgang von Goethe, *Wilhelm Meisters Wanderjahre*, a. a. O., S. 471.

155 Ebd., S. 299.

아니라 오늘의 현실적 요구와 그 검증을 견뎌낼 때, 비로소 새로운 가치를 지니기 때문이다.

그러므로 필요한 것은 언제 어느 때나 마음을 보존하고 몸을 성찰하는 태도―존양성찰(存養省察)의 자세다. 그것은, 「무진육조소」에 적혀 있듯이, "두려워하고 수련하며 반성하는 노력 속에서(恐懼修省之力)" 비로소 가능하다. 그리하여 이 도의의 수련이 일평생 이어지게 할 일이다.

이 마음수련을 퇴계는 "책임은 무겁고 도는 멀어서 종신토록 하여야 할 일(任重道悠終身事業)"―"종신사업(終身事業)"이라고 불렀다.[156] 「숙흥야매잠(夙興夜寐箴)」에도 그와 비슷한 구절이 쓰여 있다. "따라서 어디에서나 공부를 버릴 수가 없으며, 또한 경각(頃刻)일지라도 도리가 쉬는 법이 없습니다… 사람에게 떠나 있다면, 도가 아닙니다. (何地而可輟工夫, 無頃刻之或停, 故無一息無理之時, 何時而不用工夫… 可離非道也)" 교양 교육에서 존양성찰 혹은 수성지력(修省之力)이 있다면, 이 수신성찰의 과업은 곧 종신사업인 것이다.

그러나 이 교양교육적 과정이 아무리 중요하고 아무리 대(對)

---

156 이것은 「답기명언(答奇明彦)」 「별지(別紙)」에 들어있다. 『퇴계집』, 426쪽. '종신사업'이라는 말은 「이숙헌에게 답함」이라는 글에서도 나온다. "완전히 내 것이 되지 못하였을 경우에는 내버려두지 마시고 평생 노력해야 합니다. (弗得弗措直以爲終身事業)" 『퇴계선집』, 141쪽.

사회적 관계에서 출발점이 된다고 하여도, 나는 다시 한번 유보감을 표명할 수밖에 없다. 왜냐하면 자기 교육적 프로그램 이전에 선행되어야 할 것은 두말할 것도 없이 정치경제적 물질적 토대의 마련과 사회적 여건의 구비이기 때문이다. 그 중심에는 제도화의 과제가 있다. 그러나 이 모든 것의 바탕에, 거듭 강조하여, 문화적 정신적 수준이 자리하는 것도 틀림없다. 그리하여 정신 문화적 과제의 출발점으로서 교양교육적 자기 형성적 차원은 불가결하다.

또 한 가지 – 교양교육적 과정이 어떤 의무감 속에서 행해져야 한다면, 그것은 괴로운 일이다. 아무리 좋은 일도 의무가 된다면, 그것은 바람직스럽지 않다. 더 좋은 것은 즐거움 속에서 스스로 행하는 것이 되어야 한다. 마음의 존양성찰은 나은 삶을 위해 중요하지만, 그러나 중요하다고 해서 강요되어야 할 것은 아니라는 사실의 재확인은 더욱 중요하다.

그리하여 어떤 특별한 때가 아니라 언제나 배우기를 좋아하고, 선을 어디 다른 먼 곳이 아니라 가까운 데서 행한다면, 그것이야말로 참으로 바람직한 일이다. '자기 과오에 대해 듣는 것을 기뻐하고, 선을 얻기를 즐겨하라(喜聞過, 樂取善)'고 퇴계는 여러 곳에서 했다. 시작은 늘 "비근하고 얕고 작은 일"이다. "비근하고 얕고 작은 일이라도 저버리지 않으면서 실로 높고 깊고 원대

하게 된다(不離乎卑近淺小 而實有高深遠大)[157]

그러므로 마음수련의 궁극적 원칙은 "잠구묵완(潛求默玩)" – "깊이 구하고 말없이 실행한다"가[158] 될 만해 보인다. 퇴계의 마음 수련의 궁극적 지점에는, 나의 판단으로는, 종신사업으로서의 잠구묵완의 정신이 자리한다. 그의 『자성록』과 『언행록』, 그리고 「소(疏)」와 「차자(箚子)」와 「경연일기(經筵日記)」 그리고 「서(書)」를 포함한 그의 여러 다른 글을 읽고 나서 내게 남은, 가장 압축적이면서도 핵심적인 원칙은 바로 이 두 가지 – "잠구묵완(潛求默玩)"의 "종신사업(終身事業)"이다.

이 종신사업을 어떻게 하는 것이 좋을까? 이 종신사업을 어떤 순서와 방향 아래 해가는 것이 바람직할까? 이 물음에 대한 하나의 대답은 괴테가 『빌헬름 마이스터의 편력시대』에서 말하는 한 모토 – "유용한 것으로부터 진실한 것을 거쳐 아름다운 것으로(Vom Nützlichen durchs Wahre zum Schönen)"에서 구할 수 있지 않을까 싶다.[159]

삶에서 우선 필요한 것은 그것의 쓸모 – 유용성의 차원이다. 그러나 이 차원에만 머물러 있는 것은 가련하다. 쓸모 있는 것들

---

157 이황, 「무진육조소」, 『퇴계집』, 147쪽

158 이황, 「언행록1」, 『퇴계집』, 541쪽

159 Johann Wolfgang von Goethe, *Wilhelm Meisters Wanderjahre*, a. a. O., S. 65.

은 마땅히 진실한 것으로 옮아가야 한다. 그러나 진실만으로 삶의 의미가 소진되는가? 쓸모 있고 진실하다면, 삶은 완전히 자족할 만한 것인가? 아니다. 아마도 아닐 것이다. 그것은 아름다워야 한다. 다시 말하여, 일체의 목적과 의도를 넘어선 저 미지의 타자적 차원으로 나아가야 한다. 이렇게 나아가면서 그 원칙은 여하한의 쓸모와 진실 그리고 미의 요구마저 넘어서야 한다. 참으로 깊은 아름다움은 그 자체로 아름답기 때문이다.

참된 아름다움은 아름다워야 한다는 요구 없이도 아름답고, 참된 진실은 진실에의 요구 없이도 그 자체로 족하다. 그리하여 나는 우리의 삶이 쓸모에서 시작하여 진실을 지나 아름다움으로, 저 무목적의 광대한 지평으로 나아가길 희구한다.

이를 위해 필요한 것은 진지함이고, 이 진지함의 기반 위에 자리한 쾌활함이다. 그리고 이 모든 것은 일정한 절도(節度) 아래 행해져야 한다. 혹은 이렇게 표현할 수도 있다. 주의하고 삼가며 두려워하는 가운데, 또 배우고 묻고 판별하는 가운데 자기를 이겨내고 예로 돌아가는 것, 섬기는 마음으로 자기를 갱신해가는 것. 혹은 허명의 누를 자각하면서 자기를 존중하고 타자를 수용하는 것, 그래서 나의 빈 마음으로 세계의 전체와 만나려 하는 것이다. 이렇게 할 수 있다면, 우리는 쓸모로부터 진실을 지나 아름다움으로 가는 삶을 이미 구현하고 있을 것이다.

배우려는 자에게는 좀 더 나아지려는 마음이 있다. 이 나아지려는 마음은 고귀한 영혼의 자산이다. 나는 선학(先學)의 진실을 앙모하고, 그 선을 두려워하며, 그 아름다움을 즐기려 한다. 허명의 누를 두려워하면서 깊게 구하고 말없이 매진하는 것, 이 일만이 삶의 종신사업으로서 오늘의 교양 수신적 과제로 남아있다.

찾아보기

I 개념어

II 인명/책명

훌륭한 삶이란 무엇인가

괴테의 교양과 퇴계의 수신

2019년 07월 16일 1판 1쇄 발행
2019년 07월 23일 1판 1쇄 펴냄

편역자 문광훈

펴낸이 김철종 박정욱

편집 김효진 **디자인** 이정현 **마케팅** 손성문

인쇄제작 정민문화사

펴낸곳 에피파니

출판등록 1983년 9월 30일 제1 - 128호

주소 03146 서울시 종로구 삼일대로 453(경운동) 2층

전화번호 02)701 - 6911 **팩스번호** 02)701 - 4449

전자우편 haneon@haneon.com **홈페이지** www.haneon.com

ISBN 978-89-5596-877-4 03100

이 도서의 국립중앙도서관 출판예정도서목록(CIP)은 서지정보유통지원시스템 홈페이지
(http://seoji.nl.go.kr)와 국가자료공동목록시스템(http://www.nl.go.kr/kolisnet)에서
이용하실 수 있습니다.(CIP제어번호: CIP2019027230)